Co-parenting with a Toxic Ex

What to Do When Your Ex-Spouse Tries to Turn the Kids Against You

エイミー・J・L・ベイカー
Amy J. L. Baker, Ph.D.
ポール・R・ファイン
Paul R. Fine, LCSW
青木 聡 訳

離婚家庭の子育て

あなたが
悪意ある元夫・元妻に
悩んだら

春秋社

愛情、尊重、慈悲とは何かについて多くのことを教えてくれた私の両親と子どもたち、そして、片親疎外や忠誠葛藤に苦しむ親子に本書を捧げます。あなたたちの心に常にお互いの存在があることを祈っています。

離婚家庭の子育て——あなたが悪意ある元夫・元妻に悩んだら ◎ 目次

謝辞

ニュー・ハービンジャー社の素晴らしいチームのメンバーに心から感謝いたします。メリッサ・カーク、ジェス・ビービ、ニコラ・スキッドモアは、編集責任者のウィル・デロイと共に、協働的な執筆と編集プロセスの場を創り出してくれました。言葉に対する愛情に裏打ちされた彼らの作業が、この本をよりよくしてくれました。卓越した校正の才能をもって、親切にも重要な局面で私たちを助けてくれたアンディ・ロスにも心から感謝します。

離婚家庭の子育て——あなたが悪意ある元夫・元妻に悩んだら

＊本文中の（　　）は原註を、〔　　〕は訳註をさす。

はじめに

元夫・元妻が我が子を奪おうとしていると感じたら、それは疑いの余地なく、親としてもっともつらい局面のひとつです。もしあなたがそのような経験をしているならば、——もし子どもが、一方の親（あなたの元夫・元妻）しか愛してはならないと思っていたり、元夫・元妻にしか自分は愛してもらえないと感じているように見えたり、そのように振る舞ったりしているならば——、おそらく、子どもと引き離されているあなたは、非常に寂しい思いをしているはずです。我が子の学び、成長、発達を促し、導き、見守る機会を失って嘆き悲しんでいるに違いありません。あなたを敵視させようとする「悪意ある元夫・元妻」に感化されると、子どもはどうなるのでしょう。たいていよそよそしく、冷淡に、無礼に、わがままに、そして、横柄になっていきます。そのこともまた、とてもつらくて耐え難い経験でしょう。この経験についてある人は、モンスターが我が子を目の前でゆっくりと食い尽くす場面を目撃するようなものだと表現しました。どれだけひどい態度を示しても、それでも愛する我が子であることに変わりはありません。あなたは以前と同じく愛したい、守りたいと思うでしょう。

親による感化の影響は子ども自身にも及びます。正当な理由がないのに一方の親を拒絶するように仕向けられた子どもは、他人との関わり方、自己認識、自身や他人を信頼する能力の形成といった面で、長期間にわたって困難を抱えることになるでしょう。

あなたと同じ状況にある別居親の多くは、友人、家族、周囲による誤解や非難にも苦しめられます。もしかしたら、あなたの経験について十分に理解できず、あなたが求めても救いの手を差し伸べてくれないかもしれません。加えて、彼らは、元夫・元妻が子どもにいつのまにか及ぼす悪影響についても、ひどい振る舞いの引き金となる子どもの内的葛藤についても、理解していないかもしれません。場合によっては、これほど激しく拒絶するのはあなたが子どもに「何か」をしたからに違いない、と考えるかもしれません。たいていの場合、人は世界を公正で道理の通っているものとして見ようとします。そして、拒絶される親にはそれなりの理由があると決め付けるのです。

臨床家（ポール）、そして研究者でありカウンセラー（エイミー）である私たち著者は、子どもの忠誠心や敬意を失ってしまった別居親に対して、一般的に何がアドバイスされてきたか調べてみましたが、それはたいていい以下に二極化しやすいということを発見しました。

・「動揺してはいけません。どちらの親に本当に愛されているか、何が自分の最善の利益なのかを、子どもが心から知っていると信じなさい」

・「子どもに威厳ある態度で臨みなさい。離婚をきっかけに、子どもが敬意を示さずに離れていく事態を見過ごしてはいけません」

不幸なことに、こうしたアドバイスは役に立たないだけでなく、裏目に出る場合があります。子どもの忠誠葛藤〔離婚した両親の間に立たされ、どちらかを選ばなくてはならないという心理的葛藤。第1章参照〕を**悪化**させ、あなたと子どもの絆を弱めるのです。元夫・元妻が子どもに敵視させようとすることを阻止する、最良の方法は明らかになっていません。ましてや、多くの別居親にとって、その思惑に気づくことは容易ではありません。

本書の目的は、あなたと悪意ある元夫・元妻の間で引き裂かれている子どもにどのようにして関わればよいのか、その方法を提示することです。元夫・元妻が子どもの忠誠葛藤を引き起こすかもしれない五つの状況があります。このパターンを理解すれば、即座に忠誠葛藤が引き起こされそうになっていることに気づき、子どもと適切に関わることができるようになります。また、元夫・元妻の言動が子どもに及ぼす心理的影響を理解すれば、子どもの経験に共感を示すことができ、また意識的にもなれるでしょう。

私たちは、ポジティブでマインドフルな子育てが、親子の絆を強めるために必要な方策を提供すると考えています。子どもと自分自身にマインドフルな気づきを向けて、離婚に苦しむ子ども（そしてあなた）に対する慈悲の心を持てば、子どもと共に過ごすすべての瞬間を大切にでき、不要な衝突を回避することもできるようになるでしょう。本書が提示する方策は、悪意ある元夫・

元妻による子どもへの悪影響を減らすために、そして、子どもにそのような元夫・元妻だけを選ばせないために、たとえあなたが子どもと引き離されてしまうことになっても、少しでもそれを遅らせるために、考案されました。

あなたの発見と癒しの旅路がよいものとなることを祈っています。たとえ子どもがひどい態度をとるときも、本心ではあなたを必要としていることを決して忘れないでください。

◆用語に関する注意書き

私たちは、読者の多くが、未婚の親や、離婚係争中で別居中の親であるということを認識していますが、本書では簡潔に「離婚した親」と表現しました。さらに、子どもが複数の場合も、単数形の「子ども」という言葉を用いました。また、私たちは、離婚後の子育てに取り組んでいる**すべての人**を「共同養育する親（co-parent）」と表記しました（人によっては、理想的な共同養育関係が構築されている場合に限って「共同養育する親」と呼び、父母が協力的な合意に基づき、互いに敬意を示し、離婚後の子育てに取り組んでいる状態を前提とします）。

第1章　離婚家族における忠誠葛藤の原因と結果

離婚は生やさしいものではありません。結婚生活の終わりとともに、とりわけ子どもがいる場合、たくさんの喪失と変化を経験することになります。あなたは、家族と住んでいた家を失い、収入や友人を失い、そして何よりも、あって当然と思っていた日常生活の多くのものを失うという危機に見舞われるに違いありません。間違いなく失ったもののひとつに、元夫・元妻による、あなたと子どもとの関係のサポートがあるでしょう。あなたは今や、彼・彼女が自分に不利となるよう立ち働いているとわかって、つらい思いをしているかもしれません。

「共同養育する親」〔離婚後の子育てに取り組んでいる親〕のすべてが、元配偶者を傷つけ、子どもの心を我がものにしようとするわけではありません。とはいえ、あまりにもよくあることだということも、知ってほしいのです。実際、あなたの身にも起きてしまいました。このような事態に陥ると、子どもは「忠誠葛藤」に囚われるかもしれません。

忠誠葛藤とは何か

忠誠葛藤とは、敵対する二人の間に立たされ、どちらかを選ばなければならないと感じるときに浮上する葛藤のことです。忠誠葛藤を経験している子どもは、まるで綱引きのように、自分の腕が左右から引っ張られているように感じているはずです。この状況において、元夫・元妻を喜ばせるために、あなたと関係を断たなければならないと感じているかもしれません。これは何としても避けるべき事態です。

エクササイズ1・1　自分自身の忠誠葛藤を思い出す

目を閉じて、自分が子どもだった頃のことを思い出してください。現在の我が子と同じ年齢の自分自身を、大まかにイメージしてください。両親や友人の間にはさまれて、忠誠葛藤を経験したときのことを思い出せるでしょうか？　それはどんな感じでしたか？　その問題に取り組もうとしたとき、何を考え、何を感じましたか？　どうやって解決しましたか？　あなたは一方を選び、もう一方との関係を捨てましたか？　それはどれぐらい簡単で、あるいはどれぐらい困難なことだったでしょうか？　以下の空白あるいは日記やノートに思い出したことを書き記してください。

二人の間に立たされ、どちらか一方を選ばなければならない状況は、決して楽ではないとわかった記憶が、よみがえってきたのではないでしょうか。こう思ったに違いありません。「私はまだ子どもなのよ。私を引き裂かないで。こんなのイヤ！　私は選びたくない」。これこそ、あなたの子どもが今まさに感じていることでしょう。この状況こそが、子どもに害を与え、多くの点で**耐え難い**場面をつくり出します。

忠誠葛藤はいかにして子どもを傷つけるのか

親の離婚によって生みだされる忠誠葛藤は、ストレスと不安、どちらかを選ばなくてはならないというプレッシャーを生み出す要因となり、親とはどういう存在かという価値観を揺さぶる原因ともなります。また、不健全な人間関係のありようを子どもに教えてしまうことにもつながります。実際にどちらか一方の親との関係を断ってしまった場合は、将来的に大きな問題として本人にのしかかってくるでしょう。

ストレスと不安

子どもは、父と母によって引き裂かれていると感じるとき、一方を喜ばせることがもう一方を傷つけ、怒らせることを知っています。同時に両方を喜ばせる方法はないのです。そのため、様々な状況においてどのように応答すべきか悩みます。間近に迫った学芸会にあなたと元夫・元妻が参加すると知ったときの心の内を、想像してみてください。子どもはお芝居の練習に集中できるでしょうか？　舞台で緊張せず演技できるでしょうか？　おそらく無理でしょう。子どもは両親をどうやって喜ばせたらよいか心煩わせ、どちらかの機嫌を損ねたときに起きる事態をひどく恐れるに違いありません。過度のストレスを感じれば、頭痛、胃痛、緊張、無気力、その他の身体症状が生じるかもしれません。また、不安や抑うつ感など感情面に影響がでたり、もしくはひきこもったり反抗的な態度を示すなど、行動面に問題が生じるかもしれません。

親を選ばなくてはならないというプレッシャー

元夫・元妻があなたの悪口を言ったり、面会交流を妨害したり、両方を愛することはできないと感じさせるようなことを言うと、子どもは、プレッシャーからあなたを拒絶する場合があります。忠誠葛藤を経験している子どもは（本人が気づいていようといまいと）、親を一人に決めなくてはならないというプレッシャーに押しつぶされそうになっています。引き裂かれている苦しみから脱出するため、どちらかを拒絶してしまおうと決意するかもしれません。ときとして、もっとも簡単な解決策に思えるためにそうするのですが、長期的にはこれによってより多くの問題が生じます。

親の価値に関する混乱

もし、元夫・元妻が継続的に悪口を言い続け、あなたの最悪の部分を子どもに目撃させる状況を作り続けるならば、子どもは、あなたをまったく価値がない人間と見て、拒絶して切り捨ててもかまわないと思い込むでしょう。これは、大変な混乱を引き起こす場合があります。なぜなら、子どもはまだあなたを必要としていて、ともに過ごしたよい思い出を記憶しているからです。自分の知るあなたは、悪口を言われるような人物像と矛盾しています。

子どもは父と母から愛されていることを実感する必要があります。元夫・元妻が悪口を聞かせ、あの人はおまえをもう愛していない、などと伝えられたら、深く傷つくでしょう。子どもは、愛されないのは自分がよい子ではないからだと思い込みがちです。困難な状況に振り回されている子どもは、自分をつらい気持ちに追い込むとわかっていても、自分自身を責めてしまう場合があるのです。

また、子どもは父と母がよい親であると実感する必要もあります。あなたに親としての価値はないと思うとき、子どもは傷ついています。子どもは**自分自身**の一部を親から受け継いでいることを知っています。だから、きっとこう言うでしょう。「もしママ（パパ）が悪いヤツなら、そんなママ（パパ）が僕の一部だから、僕だって悪い子に違いない」。つまり、子どもがあなたと敵対するということは、子どもにとっては自分自身と敵対することをも意味するのです。

また、元夫・元妻が、両親を愛したい、両親から愛されたいという子どものニーズよりも、自分自身のニーズを優先することも、子どもを混乱させます。それはまるで「あの人を愛すると、私は傷つくし、怒るからね」と大人が駄々をこねるようなものです。そう言われたら、子どもは心配になって、面倒をみるのは自分の責任だと感じるようになるでしょう。これは、明らかに子どもに背負わせるべきではない不当な重荷です。

どちらかを選ぶということ

親をどちらかに決めなくてはならないというプレッシャーを子どもが受け入れると、親子どもにとって短期的な、そして生涯にわたる長期的な問題が生じることにつながりかねません。

第一の問題、それは、子どもが唯一無二のかけがえのない愛情を注いでくれる親との関係を失うことです。言い換えると、どちらの親が忠誠葛藤に勝利しても、子どもは常に敗者となるということなのです。一方と近づくことは、もう一方から遠ざかることになるからです。

第二の問題は、子どもが自分自身のことを自分で考える能力を放棄することです。心を許した方の親に、自分の思考や認識を預けてしまい、親の意見、見方、考え方をそのまま受け入れるようになります。この依存／従属は、最終的に、友人からの同調圧力に対処することや、自分自身のキャリアを選択すること、自立した大人になるといった局面において、困難を抱えることにつながるでしょう。

第三の問題は、やがてあの親を捨てたのは間違いだったと気づくことができたとしても、罪悪感、自己肯定感の低さ、抑うつ感に悩まされるかもしれないことです。大人になったとき、「父親にあんなことをしたなんて、自分はどれだけひどい人間なのでしょうか」「母親にしてしまったことを考えると、すごく悲しくて、朝ベッドから起きられません」と悩み続けてしまうのです（ベイカー、2007：ベイカーとベン・アミ、2011）。

不健全な関係のスタイル

子どもが忠誠葛藤に囚われると、（元夫・元妻の後押しによって）あなたに敬意と配慮を示さなくなります。態度が横柄になり、感謝することもなく、無礼に振る舞うようになるでしょう。こうした態度は、あなたに対してだけでなく、あっという間に周囲との関係にまで広がっていきます。こうして元夫・元妻は、子どもの社会性、および道徳心の羅針盤を狂わせ、その後の人生（友人関係や学校生活、そして職場への適応）を困難にするような考え方や態度を育ててしまうのです（ベイカー、２００７）。

エクササイズ１・２　子どもに忠誠葛藤の症状は見られるか？

離婚後、子どもが以下のような言動や態度をどれぐらい頻繁に示しているか、チェックしてください（他のストレス要因が関係している可能性も念頭に置いておくこと）。複数の子どもを共同養育しているならば、それぞれの子どもについて別々にエクササイズをやってみてください。

	まったくない	時々ある	頻繁にある
子どもが不安や抑うつ感を抱えているように見える。あるいは、頭痛、胃痛、疲労といった身体症状を訴える			

子どもが自己肯定感について課題を抱えているように見える。また、私や元夫・元妻が心から愛してくれているだろうかと疑っているように見える	
子どもが、私、あるいは元夫・元妻に、親としての価値があるか確信を持てず、混乱しているように見える	

元夫・元妻に対する悪口と、子どもに対する援助。違いは何か

離婚後、子育てに取り組んでいる親にとって、どんな言動が忠誠葛藤を引き起こし、どんな言動が子どもの助けとなるのかを区別するのは、ときに難しいことかもしれません。子どもが元夫・元妻に失望し、怒り、傷けられたと感じているとわかったら、あなたは心配になるでしょうし、元気づけたくもなるでしょう。同時に、自分が忠誠葛藤を引き起こしていることに、罪悪感を抱くかもしれません。

言うまでもなく、失望し傷ついている子どもに共感を示すことが重要です。自分が**どのように**

（How）、どうして（Why）、子どもに応答しているのか、自覚的になってください。子どもの気持ちや考えを否定したり、見下したりしてはいけません。同時に、元夫・元妻をけなしたり、比較して自分をよりよく見せたりするのも、よくありません。すでに不安定になっている子どもの気持ちをさらに混乱させないよう、気をつけてください。子どもの話にあなた自身の解釈を付け加えたり、子どもの不満を煽っているとしたら、それこそ忠誠葛藤に巻き込まれてしまいます。忠誠葛藤を無意識に誘発させてしまう状況については、この章の後半でさらに述べます。

共同養育する親が子どもの忠誠葛藤を招く理由

卑劣な言動を改めず、子どもに忠誠葛藤を抱かせる親がいるのはなぜでしょうか？　それは、多くの共同養育する親が、嫉妬、不安、罪悪感、屈辱感、悲しみ、孤独感、怒り、自己愛の傷つきを、「自分は子どもに好かれている親だ」と感じることで、やわらげようとするからです。この節では、こういった感情をひとつずつ見ていきましょう。元夫・元妻の行動の背景にあるものを理解すると、その試みに対処できるようになります。子どもから愛されていると感じたいという相手の欲求が、それによって減っていくかもしれません。

嫉妬

元夫・元妻は、あなたと子どもの仲を嫉妬しているのかもしれません。子どもが愛情ある関係を保っているのを知って、喜んだり安心したりするのではなく、自分は親として何かが欠けているのではないかと、不安になるのではないでしょうか。友人どうしで固まっていたり、よその家族がみんなで仲よくしているのを目にすると、輪に入れない人間は不安定な気持ちが昂じます。それと同じことが、元夫・元妻に起きているのでしょう。

また、面会交流に嫉妬しているのかもしれません。子どもがあなたと過ごす時間は、子どもが自分と過ごさない時間であり、それゆえ大きな喪失感を抱えている可能性があります。学校から帰ってきたときの「ただいま」という声や、子どもと一緒に毛布にくるまって就寝することがなくなってしまい、寂しいと思っているかもしれないのです。もしかしたら、最近何か子どもにとって「初めてのこと」（初めてよちよち歩きした、初めて言葉を発した、初めて外泊した、初めて映画を見たなど）が起こりませんでしたか？　元夫・元妻がその場にいなくて、永遠にその瞬間を心に刻み、その喜びを味わうことができなかった、という可能性がありませんか？

共同養育する親が、互いの面会交流に嫉妬することには正当な理由があります。結婚していたときは、あなたも相手も、読書や昼寝、あるいは穏やかにくつろぐことができる「自分の時間」を切望していたことでしょう。子どもの世話には多くの時間が奪われます。たいていの親は、子育てから解放されるひとときを強く望むものです。しかし、子どもが目の前にいなければ解放感を味わえるかといえば、そうではありません。子どもとフルタイムで接してきたほう（元夫・元妻もそうかもしれません）が別居親となれば、面会交流の限られた日にしか子どもに会えなくなり、生活が変化するのです。それによって生じる気持ちのケアには、何の手当も用意されていません。たとえ元夫・元妻が、夕食のときにしか子どもと接していなかったとしても、それまでと同じように会えなくなったことに強い喪失感を覚えるでしょう。

また、あなたが子どものために使えるお金をより多く持っているならば、あるいは、友人や家族に恵まれ、子育てを手助けしてもらっているなら、あるいは、子どもと過ごす時間がとりやすいフレキシブルな仕事に就いているならば、嫉妬するのは自然なことです。お金、友人、自由な時間は、離婚後に必ずしも平等には分けられません。相手には、あなたがそれらを簡単に手にしているように見えることもあるのです。さらに、最近あなたに恋人ができたならば、それも嫉妬を掻き立てる要因になっているかもしれません。自分よりも、離婚のダメージから早く回復していると思うのです。離婚において、嫉妬という感情が生じるのは自然です。あなたが嫉妬心とどのように向き合うかということが、子どもを忠誠葛藤に巻き込まずにいられるか、そうでないかの分岐点になります。

不安

離婚直後の親が不安を抱く理由はたくさんあります。親は子どもを守りたいと強く思うもの。

それゆえ、子どもと毎日接することができなくなって、気力を失う人がいます。多くは、離別による苦悩から、子どもが変わってしまうことを懸念し、傷つけられてはいないかと過剰に心配します。

多くの場合、子育てについて、あなたと元夫・元妻は意見が食い違っているでしょう。どちらかがより寛大だったり、より健康を気にかけていたり、より家族の行事を重んじていたり、より学業成績にうるさかったりするはずです。子育てのすべての側面において、合意することは不可能といえるでしょう。結婚していた頃は、二人が合意できない事柄に関して、相手は今よりずっと柔軟に対処してくれていたはずです。しかし、率直に言うと、あなたも現在は相手の意向にあまり従わなくなっているに違いありません。子育てに関する意見の相違は、離婚後に拡大している可能性さえあります。なぜなら、子どもが元夫・元妻と過ごす時間に子どもと会えないことは互いに苦しいからです。共同養育する親のなかには、子どもをコントロールできなくなるではないかという不安から、相手が子どもを傷つけているに違いないという根拠のない怖れを抱く人もいます。そしてありもしない危険から「救出」するために、子どもを引き離そうとする場合があります。元夫・元妻は、あなたに子どもが痛めつけられるのではないかと、不必要な怖れを抱いている可能性があるのです。もしかしたら、それは自分が子どもに愛されなくなるかもしれないという怖れのあらわれではないでしょうか。

お金の心配も不安の種になります。収入が離婚後に減ってしまったことを心配するあまり、子どもと過ごす時間を増やすことで、自分のお金を使わないようにする親もいます。養育費の支払いを避け、養育費の受け取りを増やそうとするのです〔欧米では、子どもと過ごす時間に応じて実質的な養育費を授受する場合がある〕。

罪悪感

また、共同養育する親は、離婚が子どもにトラウマを与える場合があると知って、結婚生活を破綻させた罪悪感に苦しむかもしれません。罪悪感の原因は他にもあります。離婚に際しての法的な手続きや事後処理で手いっぱいで、普段よりも子どもと過ごす時間が減ったり、子どもに忍耐強く接することができなくなる場合があり、それが罪悪感に結びつくのです。離婚すればしたで、自己批判に埋没する時期がすべての親を待っています（たとえば、「雑誌を読んでいるひまがあったら、砂遊びをしている子どもを見守ってあげればよかった。自分はなんでそうしなかったんだろう」など）。離婚すると、お金の心配、孤独、生活の変化といった物事に圧倒される場合もあります。たとえば、元夫・元妻が子どもの絵本の読み聞かせに集中できなかったとしましょう。あとになって、そのことを悔やみ、子どもと十分に関わっていなかったと自分自身を責めるかもしれません。また、親によっては、子どもと離れているときに、楽しい時間を過ごすことに罪悪感を抱く場合もあります――「一緒にいないときも、子どものことを考えなくちゃいけないのに、私はなんてひどい親なんだろう」。こうした気持ちが、「子どもにまだ愛されていたい、それを確かめたい」という欲求につながります。それには子どもに自分を選んでもらうことが必要になります。自分は悪い親ではないと再確認するために。

屈辱感

共同養育する親のなかには、結婚生活が破綻したことではなく、親として不適格だという思いから、屈辱感を覚える人もいます（完ぺきな親など存在しないのですが）。元夫・元妻が困惑しているのは、サッカーの試合や学芸会で、子どもが先にあなたに駆け寄ったからかもしれません。子どもがあなたに電話してほしいと言ったことや、面会交流の最中にあなたに会いたいと言ったことで、面目を失ったのかもしれません。子どもがあなたのことを楽しそうに話したり、あなたへの愛情を表現したりしたことによって、自分は親として何かが欠けているかもしれないと恥じ入ったのかもしれません。罪悪感と同じように、屈辱感もまた、元夫・元妻が子どもに忠誠を示すように強いる動機となる場合があります。自分は悪い親ではないと証明したくなるのです。自分の気持ちを整理するために、子どもがプレッシャーに感じるような状況を作り出すかもしれません。

悲しみ

元夫・元妻は、子どもと毎日一緒にいる喜びを味わえないことを、悲しんでいるのかもしれません。ここでも、子どもがあなたと過ごす時間は、子どもが元夫・元妻と過ごさない時間であるということが問題となっています。（どのような理由であれ）子どもと離れて暮らす親は、一緒にいなくて寂しい、子どもといたいと願います。たとえ予定されていた離別（たとえば、キャンプや友人宅へのお泊り）であっても、このような気持ちになることは少なくありません。多くの親は、離れているときに子どものことを思い煩います。そして、もう一方の親も例外ではありません。子どもと毎日一緒にいられないこと、そして、成長や発達を見守れないことは大きな喪失感となります。その気持ちをやりすごすために、元夫・元妻は、「一番愛しているよ、決してそばから離れないからね」と、子どもに言わせようとプレッシャーをかけるのです。その言葉があれば、子どもと離れる悲しみや喪失感、そして、離婚によって膨らんだ不安と向き合う必要がなくなるからです。

孤独感

それまで元夫・元妻が子どもと毎日一緒にいたならば、子どもの不在は大変な苦痛になるかもしれません。孤独感から、子どもにもっと自分と一緒に過ごすようにプレッシャーをかけるでしょう。がらんとした部屋で一人目覚めることは、非常につらい経験に思えます。面会交流の取り決めによって、子どもがあなたの家でいく晩かを過ごす場合、元夫・元妻は、子どもとおやすみのハグをしない夜や、子どものはしゃいだ足音やくすくす笑いを耳にしない朝を経験して、孤独を感じるでしょう。結婚していたときは、静かな家で一人で目覚め、丸一日を自分のために使えるなんて、素晴らしい休暇のようだと思えたかもしれません。しかし、子どもと引き離されると

（自分で選んだ離別ではない場合は）、とてつもない孤独感にさいなまれることになるのです。
なかには、親子関係や親としての役割にとらわれず、「自分の生活」を築くことができる人もいます。しかし、親というアイデンティティが自身のなかで多くを占めている人や、（たとえほんのひとときであっても）子どもを失った喪失感に苦しめられている人は、非常につらい経験をしています。元夫・元妻が子どもの世話を主に担っていた専業主婦、専業主夫であった場合、その対象がいなくなることは、生活の充実感や自己肯定感にも影響します。孤独感を振り払うために、できるだけ長く自分と過ごすように、あるいは、あなたが一緒にいる場（面会交流の送迎、学校行事など）でも自分にだけ注意を向けるように、そして、基本的に自分にだけ愛情を表明するように、子どもにプレッシャーをかける場合があります。

怒り

離婚後には、怒りを覚える場面が増えます。元夫・元妻は、結婚生活を破綻させ、家族を崩壊させたあなたや自分自身に対して、怒っているかもしれません。あるいは、納得できない養育計画を押しつけた「制度」に怒っているかもしれません。あなたが自分よりも子どもとよい関係を築いていることに怒っているかもしれません。あなたが間違ったことをし、子どもを傷つけているると、怒りを覚えているかもしれません。人は、怒ると慎重に考えるべき場面で深く考えなくなります。怒りで衝動を抑えられなくなり、子どもの愛情を勝ち取る争いへと自らを駆り立てているかもしれません。それどころか、あなたが実際した行為を、あるいはしていないことに対してまで、故意に罰しようとしたり、あなたと子どもがともに過ごす時間を制限したり、妨害したりして、確実に痛めつけようとする場合もあります。怒りの衝動は、短絡的な言動を引き起こすだけでなく、あなたから子どもを引き離す悪意ある計画に執念を燃やす源にもなるのです。

自己愛の傷つき

関係の喪失（たとえば離婚）を個人的な侮辱と捉え、自己感覚〔これが私であると感じる主観的な感覚〕が脅かされることに耐えられないという人もいます。自己愛の傷つきに苦しむ人の典型的な反応は、自己感覚を守るために他人を「価値下げ」〔相手にはまったく価値がないとみなす原始的防衛機制〕することです。たとえば、離婚によって自尊心が傷ついている場合、元夫・元妻は、結婚生活の破綻を悪いものと感じなくて済むように、あなたを価値下げするようになります。「負け惜しみ」の場合は、あなたのすべてを否定し、関係が終わって嬉しいと言うに違いありません。あなたの長所をまったく見いだせなくなって、自分以外の誰か（たとえば子ども）があなたと関係を持とうとすることに対して、まったく理解を示さなくなります。否定的な気持ちが先に立って、相手の親としての価値まで認められなくなります。

エクササイズ1・3　元夫・元妻に以下の感情は見られるか？

元夫・元妻（とあなた）は離婚によって、たくさんのつらい感情を抱えていることでしょう。元夫・元妻が、そうした感情にまかせて衝動的に行動し、子どもに親を選ばせる状況を作り出しているならば、あなたは「悪意ある元夫・元妻」と離婚後の子育てに取り組んでいるといえます。つまり、あなたは子どもを失う危機に直面しているのです。

元夫・元妻が以下の表にある感情をどれぐらい頻繁に示しているか、チェックしてください。

	まったくない	時々ある	頻繁にある
嫉妬			
不安			
罪悪感			
屈辱感			
悲しみ			

孤独感			
怒り			
自己愛の傷つき			

(たとえば別れた相手を罰したくて)子どもの忠誠葛藤を故意に生じさせる親もいれば、(不安や孤独感にさいなまれ、子どもを守る必要性から、あるいはコントロールしようとする歪んだ欲求に突き動かされて)無意識にそれを生じさせてしまう親もいるということを、ここで確認しておきたいと思います。

多くの場合、忠誠葛藤が故意に引き起こされているか、そうでないかを見分けることは難しいものです。しかし、忠誠葛藤をやわらげるために何ができるかという観点からすれば、それは大きな違いではありません。どちらの場合でも本書が提示するアドバイスは同じです。

引き金となりやすい状況

こうした感情が渦巻いている際に、共同養育する親がとりわけ子どもの忠誠葛藤を引き起こしやすい状況があります。

面会交流の送迎

あなた、子ども、元夫・元妻が顔をあわせる場面は、元夫・元妻にとって子どもに忠誠葛藤を感じさせる絶好の機会となります。とりわけ、面会交流の送迎（元夫・元妻が子どもを送り届けたり、戻ってきた子どもを迎え入れたりするとき）は、危険な状況と言えます。これまで説明してきた喪失感やその他の感情がもっとも高まるからです。また、もしかしたら元夫・元妻は、あなたに対する未解決の感情（たとえば、未練、傷つき、悲しみ、怒りなど）を抱いているかもしれません。そこにあなたの新しい配偶者や恋人が加わると、緊張感や不快感のレベルはもっと高まります。こうした感情が渦巻く場において、元夫・元妻は子どもの忠誠葛藤を（故意にあるいは無意識に）引き起こしやすくなります。家族によっては、父母が面会交流の送迎を行うことを養育計画で取り決めています。そういった場面で、元夫・元妻はあなたと子どもの親密ぶりを目撃することになります（それは嫉妬を燃え上がらせます）。子どもが語りかける姿やあなたに示す態度を直接目の当たりにするのです。送迎のとき、あなたは元夫・元妻が子どもに冷たく接するのに気づいたことがあるかもしれません。子どもは機嫌を損ねてはいけないと、慌ててあなたの気持ちに気づかないふりをしませんでしたか？　元夫・元妻の不機嫌な態度がそうさせています。そうやって、あなたへの愛情を表に出せなくさせるのです。あるいは、相手はあなたを嘲笑するかもしれません。たとえば、「まさか、ちゃんと来るとはね！　時間通りに来られてよかったわね」と皮肉を言い、あなたが愛情を持っていない、もしくは子どもを大切にしないということを、子どもに暗に伝えようとします。さらに、子どもの耳元でこうささやくかもしれません。「何かあったら、すぐに電話するのよ」。このようにして不信感を抱かせ、あなたに傷つけられるかもしれないという不安を植え付けるのです。あるいは、子どもに完全無視させようとするかもしれません。

親子が顔をあわせるその他の場面

あなた、子ども、元夫・元妻が、学校行事、スポーツ大会、演劇や音楽の発表会、誕生パーティーなどで顔をあわせることがあります。また、たとえば病院の救急処置室や入院中の病室への見舞い、葬式といった、あまり喜ばしくないときに顔をあわせる場合もあります。こうした機会は、明らかに感情（とりわけすでに述べた種類の感情）が高ぶりやすい状況と言えます。こういった場面でも、相手は、子どもの忠誠葛藤を引き起こしかねない言動に出ます。

元夫・元妻は、あなたへ愛情を示したことを思い出して、子どもに不満をぶつけます（それが真実かどうかは関係ありません）。そうやって子どもに**自分**を特別扱いさせようとするのです。たとえば、バスケットボールの試合前に、子どもがいつもハーフタイムで**あなた**のもとに行くことに不満を示し、ひとしきり文句を言うかもしれません。多くがそうであるように、あなたの子どももおそらく何が起きているかを理解することなく、言いなりになるでしょう。試合のときにあなたに向かってこう言うのです。「公平でいたいんだ。僕はハーフタイムのときにいつもお母さんと一緒にいたから、これからはお父さんと一緒にいることにするよ」。あなたは何が起きているかを理解していなければ、反論が難しいことを思い知るでしょう。

すでに述べたように、親子全員が顔をあわせるとき、元夫・元妻は、子どもがどれぐらいあなたのことを好きか、もしくはどれだけ子どもが好かれているかを目撃することになります。これが嫉妬、屈辱感、怒りなど、すでに説明したあらゆる感情の引き金となります。そのうえ、両親のやりとりを見た子どもは、元夫・元妻を役割モデル〔行動の規範となるお手本〕にして、あなたを否定する見方や応答を身につけていきます。言い換えると、親の否定的な態度や言動が、子どもの持っているイメージを歪ませるのです。たとえば、相手があなたを見下したり、あなたの言動を馬鹿げていると断じたり、あなたに傷つけられた、あなたには愛情がないと言って切り捨てれば、親としての権威は失墜し、子どもはあなたを軽蔑するようになるでしょう。相手は、まるであなたが自分や子どもを故意に傷つけようとしたかのように、繰り返し糾弾するかもしれません。危険で恐ろしい人物という印象を子どもに植え付けようとするのです。あるいは、子どもの注目を独占して、あてつけのようにあなたを無視するでしょう。その結果、子どもとの絆が消えて、共に過ごす機会も失われてしまいます。

生活の大きな変化

家族の誰かに大きな変化が起きることも、感情の暴発をまねく原因になりますが、このようなときも、元夫・元妻が子どもの忠誠葛藤を誘発させやすい状況となるかもしれません。たとえば、あなたが再婚すると、元夫・元妻は傷つき、非常に不安定になる場合があります。しかし一方、自分が再婚した場合は、後ろ盾を得て勢いづくかもしれません。子どもが変化すると（たとえば、反抗的になったり、よそよそしくなったりすると）、自分から離れようとしているのではないかと心配するかもしれません。子どもが**あなた**の趣味や好きなことを真似し始めると、主導権を奪われたように感じ、怒りだすかもしれません。また、子どもが学校生活に適応できなかったり、発達障害と診断されたりしたら、問題を引き起こしたのはおまえだと言わんばかりに、怒りだすかもしれません。

一般的に言って、変化に対応することは難しいものです。離婚という出来事それ自体が、多くの人にとって大変なことですが、そのうえ生活上の大きな変化が重なると、激しく動揺するのも無理はないでしょう。しかしながら、子どもは常に成長しています。年齢とともに、次々と新しい行動様式を取り入れ、新しい事に関心を持ち、容貌が変化し、知識やスキルを獲得していきます。成長と発達を見守ることは喜びですが、元夫・元妻は、面会交流から帰ってきた子どもに変化をみとめると動揺します。このような変化は、子どもが成長するときに自然な反応として多くの父母が経験する喪失感や悲しみを、より一層強めるのです。

人生の区切りとなる出来事

子どもの人生の区切りとなる重要な出来事が起きたとき、それを目撃できなかったり、その場面に参加できなかったりすることが、恨み、悲しみ、屈辱感、怒り、嫉妬といった感情の引き金となることがあります。子ども時代の「初めてのこと」の多く、たとえば、初めてのよちよち歩き、初めての髪切り、初めての発話、初めて乳歯が抜けることなどは、二度と経験できません。共同養育する場合、(協力して頻繁に面会交流ができるのは例外的です。そうでない場合は)両方の親が子どもの「初めて」をすべて経験することはあり得ません。一方は多くを経験し、もう一方はそのほとんどを経験しないということになるでしょう。少なくとも、不公平だと「感じられる」ことは間違いありません。疑い深い元夫・元妻の場合、自分がそうした場面にふれないよう故意に遠ざけられていると感じ、怒りや恨みを募らせます。そして、あなたを困らせるために、あるいは競うために、こういった機会からあなたを故意に排除しようとするのです――たとえば、事前に話し合うことなく、初めての髪切りを行ったり、もう少し大人になってから許可しようという話だったのに、耳にピアスをあけることを勝手に子どもに許したりします。離婚後の子育てに取り組む関係において、力と支配権を握っているのは自分だと誇示したいのではないでしょうか。あるいは、疎外感や自分は取るに足らない存在だというやるせなさを、あなたに味わわせたいのかもしれません。

エクササイズ1・4　あなたの場合、以下の状況はどれぐらいストレスフルか？

元夫・元妻が忠誠葛藤を引き起こしたくなる気持ちが高まるような状況を、以下の表に示しました。あなたはそれぞれどれぐらいストレスを感じるか、チェックしてください。

	ほんの少し	やや	とても
面会交流の送迎			
親子が顔をあわせるその他の場面			
生活の大きな変化			
人生の区切りとなる出来事			

結び

離婚家族における子どもの忠誠葛藤は、共同養育する親が、子どもを味方につけたいと思うときに起きやすくなります。忠誠葛藤を経験せざるを得なくなるとき、子どもは一時的に苦しむだけでなく、結果的に一方の親を本当に切り捨ててしまう（片親疎外になる）場合があります（片親疎外とは、正当な理由がないのに、子どもが悪意ある親の影響により、もう一方の親を拒絶することを指す）。そのような場合、正当な理由から親を拒絶している子どもとは異なる、八つの症状を示すことがわかっています。

次の章では、悪意ある元夫・元妻が忠誠葛藤を招くために用いる五つの常套手段と、忠誠葛藤に囚われている子どもが示す八つの症状を説明します。

第2章 悪意ある元夫・元妻が忠誠葛藤を引き起こす方法と子どもの反応

元夫・元妻が、第1章で説明した感情を経験しているならば、以下のいくつかにあてはまるような言動を示しているかもしれません。もしそうなら、あなたは悪意ある元夫・元妻と離婚後の子育てに取り組んでいるということになります。幸いなことに、そうした言動にさらされても、すべての子どもが強く影響を受けて片親疎外になるわけではありません——では、あなたの子どもは片親疎外になっていないでしょうか。忠誠葛藤に囚われた子どもは、この章で説明する八つの症状を、すべてではないかもしれませんが、いくつかは示しているはずです。

悪意ある元夫・元妻がとる、忠誠葛藤を引き起こす五つの常套手段

子どもをあなたに敵対させようとする場合、以下に説明する五つの常套手段のどれかをとるでしょう。これらは親に対する調査（ベイカーとダーナル、２００６）や、子どもの頃に親の離婚を経

験した人に対する調査（ベイカー、2007：ベイカーとチェンバース、2011：ベイカーとベン・アミ、2011）の結果から、明らかにされています。以下の言動は、あなたと子どもの関係の障害となり、心理的距離を遠ざける要因となります。

あなたについて有害なメッセージを伝える

子どもに対して、あなたの人格についてあらゆるケチをつけ、毒を吐いているならば、元夫・元妻は言葉、態度、行動をとおして子どもに軽蔑心を刷り込もうとしています。たとえ、あなたのすべてを非難していなくても、一貫して拒絶する場合も同じです。また、徹底的に侮辱していなくても、元夫・元妻はあなたの長所でさえも問題視し、心配事の種とみなします。説得的に批難する言葉を何度も繰り返すことによって、子どもに信じ込ませようとする場合もあります。子どもは否定的な言葉を何度も繰り返されると、真実ではないことも信じてしまいます。相手が有害なメッセージを子どもに伝えているときの対処法は、第5章で述べます。

面会交流やコミュニケーションの妨害

元夫・元妻が面会交流や子どもとのコミュニケーションを妨害する事態は、あなたと子どもの絆を故意に断ち切ろうとしていることを意味します。あなたと、離れて暮らす子どもとのつながりを困難にしているのです。電話や手紙やメールは妨害され、返信ももらえません。これが有害なメッセージの伝達と同時に行われると、親子の絆を無効にする絶大な効果があります。相手が面会交流やコミュニケーションを妨害するときの対処法は、第6章で述べます。

消去と置き換え

元夫・元妻が子どもの心、記憶、生活からあなたを消去しようとしているとしたら、それは、子どもの人生におけるあなたの役割を最小化し、子育てにおける自身の貢献を誇張した新しい生育史を作り上げようとしているということを意味します。消去には、「ママ」や「パパ」の代わりにあなたの名前を子どもに呼ばせることも含まれます。そうやって子どもに、あなたは重要な存在ではなく、他の人と同列なのだと教えているのです。また、元夫・元妻は、自分の新しいパートナーをあなたと置き換え、子どもに「ママ」や「パパ」と呼ばせるかもしれません。さらに、子どもの名字を変更したり、緊急連絡網からあなたを消去するかもしれません。新しい名簿を作成するときに、あなたの名前や情報を載せないようにするのです。あるいは、学校、病院、習い事の場所からの重要な連絡や、スケジュールの情報をあなたが受け取れないようにします。消去と置き換えへの対処法は、第7章で述べます。

子どもに信頼を裏切れとけしかける

元夫・元妻が子どもに、あなたの信頼を裏切れとけしかける場合があります。たとえば、子どもに秘密を守るように言ったり、あなたをスパイしろと命令したりします。その行為には、あなたがいくらお金を使ったか、電話で誰と話していたか、給料はいくらかをこっそり調べさせることも含まれます。そして、子どもに命令に従うよう説得し、お世辞まで使います――それが重要なミッションだと信じ込ませようとするのです。子どもは、否定的な感情で凝り固まり、あなたを中傷することによって、裏切り行為を正当化するでしょう。子どもにあなたの信頼を裏切れとけしかける場合の対処法は、第8章で述べます。

あなたの親権を侵害し、子どもを自分に依存させる

元夫・元妻があなたの親権を侵害しようとする場合があります。たとえば事あるごとにあなたが決めたルールに異を唱え、子どもの目の前で、親としての価値を貶めようとするかもしれません。あなたのルール、あなたの影響、しつけから子どもを「救出」し、自分のルールを押しつけようとします。子どもが相手の機嫌をとろうとしているように見えたら、それは元夫・元妻が「他のあらゆる関係を犠牲にしても喜ばせたい」と思い込ませることに成功した結果かもしれません。そうなると、あなたが権威のある親として役割をはたすことは徐々に難しくなっていきます。元夫・元妻があなたの親権を侵害し、子どもを自分に依存させる場合の対処法は、第9章で述べます。

エクササイズ2・1　元夫・元妻は以下の行為をどれぐらい行っているか？

これまで説明してきた言動を元夫・元妻がどれぐらい行っているか、チェックしてください。

	まったくない	時々ある	頻繁にある
あなたについての有害なメッセージを伝える			
面会交流やコミュニケーションの妨害			
消去と置き換え			
あなたの信頼を裏切れとけしかける			
あなたの親権を侵害し、子どもを自分に依存させる			

忠誠葛藤に囚われた子どもが示す八つの症状

前節で説明したような言動に巻き込まれることなく、双方とよい関係を保つことのできる子どもがいます。そのような子どもは肩をすくめて自分にこう言い聞かせます。「ママやパパが何を言っていても関係ないや。僕はママもパパも好き」。ですが、残念なことに、すべての子どもがプレッシャーを跳ね返せるわけではありません。忠誠葛藤の激しい感情に巻き込まれ、一方の親と手を携え、もう一方を疎外する子どももいます。忠誠葛藤を引き起こす言動において、以下のようになってしまったら、子どもは片親疎外になってしまうでしょう。

・安心感を与えてくれる親、話を聴いてくれる親、愛情のある親という、子どものあなたに対する認識を脅かし、親子の仲を引き裂く。
・忠誠葛藤を引き起こす親と子どもがほとんど一体化し、纏綿(てんめん)状態になる。子どもは見捨てられること、その親を失望させることを怖れて、健全かつ自然に分離することを望まなくなり、実際、離れられなくなる。

救いがあるとすれば、それは、一晩で片親疎外になるわけではないということでしょう。子どもが忠誠葛藤に囚われているときに示す八つの症状というものがあります。これは、児童精神科医リチャード・ガードナーが最初に明らかにしました。その後、多くの臨床家や研究者によって存在が確かめられています（たとえば、バーネット、2010：ベイカー、バークハード、ケリー、2012など）。ガードナーは監護権紛争（親権紛争）に巻き込まれた子どもに、忠誠葛藤の症状が見られることを観察を通して確認しています。そうした症状をときどき示すことがあっても、両親とほどよい関係を保つことができる子どもがいます（このような子どもを「軽度の片親疎外」といいます）。また、症状をより強く示して、両方の親の間を行き来することに困難をおぼえる子どもがいます（このような子どもを「中程度の片親疎外」といいます）。そして、症状のほとんどを常に示すようになって、一方の親を完全に拒絶する子どももいます（このような子どもを「重度の片親疎外」といいます）。症状を見逃さないようにすれば、子どもが交流を拒絶する前のタイミング、すなわち軽度の片親疎外の時点で、介入することができます。

虐待によって傷ついたり、怒りを抱く子どもには、これらの症状は見られません（ブライヤー、1992：ダットンとペインター、1981：ケンプ夫妻、1978）。多くの場合、一方の親の刷り込みによって、正当な理由なく、もう一方の親を拒絶するように操られているときにこういった現象が見られるのです。片親疎外の子どもはまったく愛情を示さず、ひどい態度で振る舞うかもしれませんが、悪いのは子どもではありません。忠誠葛藤に囚われて、本当の自分でいられなくなっているだけだということを忘れないでください。

中傷を繰り返す

一般的には、忠誠葛藤の影響を受けていることを示す最初の症状は、正当な理由なく、あなたを拒否することです。小さな出来事を大げさに言い立て、親あるいは人間として価値がないと中傷するのです。まるで親として不適格であることを報告する使命を与えられているかのように、子どもは辛辣かつ冷酷な態度で振る舞います。悪意ある横柄な口を利き、冷淡な非難を繰り返すので、あなたはショックを受けるでしょう。ある少女は父親に「お父さんって、古い腕時計みたい」と言いました。「古い腕時計が止まったら、『あーあ、止まっちゃった』って言うと思うけど、お父さんのこともそんな風に思っているわ。お父さんが死んでも『あーあ』って言うだけよ」。離婚する前には良好な関係を築いていたにもかかわらず、離婚後のほんの数ヵ月でこれほど少女が冷淡に変わってしまったのは、驚くべきことです。

繰り返される中傷は、たいてい挑発的な行動をともないます。子どもがあなたに虐待されて怖いと主張しても、実際は怖がってはおらず、口汚くののしり、粗暴に振る舞っているはずです。ある子どもは父親にメールして、「お父さんの再婚相手があの汚い家を掃除しないならば、今週末の面会交流はとりやめだ！」と宣言しました。また、別の子どもはわざと父親にぶつかってよろめいて、「体当たりされた」と責めました。すでに述べたように、これらは、虐待された子どもがとる典型的な言動ではありません。親に虐待された子どもは、挑発的というよりは歓心を買おうとする傾向があります。親が爆発したら再び傷つけられるからです。

中傷を繰り返しながら、子どもはあなたがしたことについて批判するのではなく、**あなた自身**を批判するでしょう。「こんなスピードで運転するなんて嫌」「パスタじゃなくて他の何かを食べたい」ではなく、「**あんた**といると安心できない」「**おまえ**は私の好きな料理を一度も作ったことがない」と言うのです。それどころか、これまであなたとはよい思い出がひとつもないと全否定し、「家で映画を観てるときくらいしか自分は笑ったことはない」とか、「楽しそうに見えても全然そんなことはなかった」と言うかもしれません。片親疎外かどうかを見分けるための調査（ベイカー、バークハード、ケリー、2012）には、「それぞれの親とのよい思い出をひとつ教えてくださ い」という質問項目が入っています。拒絶している親との思い出について質問されると、調査に協力した子どもは、「よい思い出なんてひとつもない」と言い張ります。そのうちの何人かは、「ない」と大きな文字で書いて、たくさんの感嘆符「！！！」をそのあとに付けました。

最終的にはこういうケースもあります。子どもは、あなたの中傷を他人、たとえば、近所の人、友だちの親、学校の先生、部活のコーチなどに聞かせようとします。ある調査（ベイカーとダーナル、2007）には、母親がPTA会長に立候補した子どもの例が報告されています。その子どもは、選挙の対抗馬に、母親はひどい人物で落選してしかるべきだと手紙を書きました。離婚の手続きや家庭裁判所において、子どもが裁判官に自分の意思を話すこと、監護評価者や子どもの代理人と面談することを求める場合もありますが、その子どもは、母親に対する不満や不適切な養育をうらづける出来事について長いリストをつくって家庭裁判所に持ってきました。片親疎外の子どもは、あなたがいかに最低な人物かを世界に知らしめることに喜びを見いだします。多くの場合、子どもは家族の問題を秘密にするので、これは非常に特別な言動と言えるでしょう。虐待された子どもは、一方の親からのみ虐待されている場合でも、信頼しているメンタルヘルスの専門家にすら真実を告げることに二の足を踏みます。親をトラブルに巻き込みたくないと思ってい て、親を傷つけること、怒らせることを望まないのです。たいてい、被虐待児は、虐待について話したがりません。人に話すと虐待がもっと生々しい体験になってしまうからです。そんなことは何一つ起こっていないとみんなに思わせようとします。平静を装うことで、自分の人生を前に進めようとするのです。

親に虐待されている子どもは、「ママ（パパ）はもっと上手に子育てしなきゃいけないんだ」などと、心のなかでつぶやいたりはしません。問題が起きたのは自分のせいだと考えるのが子どもです。その理由のひとつに、子どもが自己中心的な発達段階にいるということがあります。病的な自己愛を持っているという意味ではなく、その発達段階にあるうちは、誰しも、自分自身を中心に据えて経験を理解するということなのです。親に叩かれたら、親がそう言わなくても、自分が悪いことをしたから叩かれたのだと考えるでしょう。多くの場合、加害側の親に対して怒りや不満をぶつけるのは正当ではないと思っていて、怒ったり不満を言ったりすると、**自分が**みじめになると思っています。そのうえ、虐待する親と暮らす子どもの多くは、虐待されないために親の喜ぶような子どもになろうとします。そうすれば、「自分は悪くない」ことになるからです。

このような理由から、もう一方の親が最低で、軽蔑に値し、虐待的だと世に知らしめるケースは、非常に例外的と言えるのです。

子ども（とりわけ思春期や、社会面、感情面、行動面に問題を抱えている場合）は、忠誠葛藤を抱えていなくても、乱暴になり、身勝手な理由で不平不満を言い立てる場合があるという点を留意しておくのも重要なことです。もし両親が批判や非難の対象となっているならば、おそらく思春期に見られる反抗やその他の問題が原因でしょう。しかし、もし常に**あなただけ**が敵視されているならば、それは忠誠葛藤に起因しているかもしれません。

◆子どもの発達への影響

言うまでもなく、中傷を繰り返すことは子どもの性格形成や健全な成長に大きなダメージを与える場合があります。寛容になることや共感することを学ばなければ、やがては辛辣で冷酷な態度が身についてしまいます。人間は完ぺきではないという事実を受け入れ、一緒に問題解決に取り組んでいく方法を知らなければ、身勝手な要求をつきつけ、気に障る人を遠ざける大人になっていきます。他人なんてどうでもよいのだ、自分を不快にさせる相手なら非難したり蔑んだりしてもよいのだ、と理解してしまうのです。

些末な理由、理不尽な理由、ありえない理由であなたを拒絶する

ネガティブキャンペーンのように中傷を繰り返している子どもに、なぜそんなに怒っているのかと尋ねても、理由を明かさず敵意を示すだけでしょう。子どもは反感や拒絶の理由を説明できないのです。たとえば、セラピストが子どもに「じゃあどうする？　前はお母さんと暮らしていたよね、今は月一回ココアを一緒に飲むのも嫌なの？」と質問すると、些末な理由を持ち出したり（たとえば、「ただあっちには行く気にならなくて」）、理不尽なことを指摘したり（たとえば、「ママの家のフローリングの床が傷ついているから嫌」「ママはスカートのときもカウボーイ・ブーツを履くから嫌」）、明らかにありえないこと（たとえば、「ママは私をクローゼットに三週間も閉じ込めて餓死させようとしたの」と言うが、通学し、家族と毎日食事をしていた証拠がある、など）を並べるかもしれません。あるいは、答えること自体を拒否するかもしれません。激怒しながら、「なんで怒っているか、もう言ったでしょ。何度も言わせないで」と口答えするのです。ある父親は三歳の息子に「ソファで昼寝をさせてくれないから、もう二度と会わない」と言われました。多くの場合、こうした説得力の欠けた説明は、あなたへの本当の気持ちを反映していません。言ってみれば、子どもが自分したひどい仕打ちの意味を理解していないことがわかります。

ある弁護士は、拒絶の些末な理由、理不尽な理由、ありえない理由は「揚げ足取り」のようなものだと言います。すべての親は完ぺきではなく、必ず何らかの間違いを犯します。厳しすぎたり、放任しすぎたり、先まわりしすぎたり……。あなたが間違いを犯したとき、悪意ある元夫・

元妻は、子どもに「揚げ足取り」をさせます。子どもがあなたのもとを離れようとしていても、あなたがおこした一つの間違いを、親子関係を断たなければならない「重大な理由」であるかのようにあげつらうのです。間違いが起きるのを子どもに待ち構えさせている状態で、何かが起きれば、しめたもの。元夫・元妻は計画通り、子どもの全面的な拒絶を引き出すことができるのです。

ある事例では、父親が娘のスマートフォンを没収したことが、「揚げ足取り」の理由となりました。就寝時にはスマートフォンを台所に置いておくというルールを破ったため、取り決め通り父親はスマートフォンを没収しました。すると娘は激怒して、「頭を冷やす」ために母親の家に行くと言って出ていき、二度と戻ってきませんでした。母親はほくそ笑み、彼女に新しいスマートフォンを買い与え、父親に「娘がもう会いたくないと言っている」と報告したのです。父親は親として当然すべきしつけをしただけです。全面的に拒絶されるとは思ってもみませんでした。娘の反応が極端なので、周囲は父親が叩いたに違いない、一ヵ月の外出禁止にしたに違いない、家の掃除をさせるために娘を残して旅行に出たに違いない、などと噂したのです！

別の離婚家族の事例では、母親と娘が言い争いをしたとき、別の州に住んでいる父親が飛んできて、娘の「頭を冷やす」ために、自宅に連れて行く手はずを整えました。父母は、娘をいつ家に戻すかの合意書を取り交わしました。しかし、父親は、すぐに転校の手続きをとり、娘を戻すことを拒絶したのです。その後、彼と娘は、母親と娘の不和を理由に、監護権の変更を申し立てました。

子どもによっては、身体的あるいは性的な虐待があるため面会交流を拒絶すると主張する場合があります。虐待の申し立てそれ自体は、些末な理由、理不尽な理由、ありえない理由とは言えません。非常に深刻に受け止めるべきでしょう。しかしながら、証拠がない場合や、申し立てが明らかに虚偽という場合もあります（たとえば、親子が一緒にいなかったことがわかっている時間や場所での虐待が申し立てられているなど）。それにもかかわらず、子ども（そして元夫・元妻）はあなたを敵視し、拒絶するために虐待があったと主張し続けるのです。虐待の申し立ては形勢を一変させます。申し立てがあると、児童保護局〔アメリカの児童相談所にあたる機関〕が調査している間、虐待を申し立てられた親の面会交流は禁止されてしまいます。

これにより、一方の親は子どもを監護でき、その間に不信感を確実に子どもの心に刻み付けることができます。のちに虐待が虚偽だったと判明しても後の祭りです。

◆子どもの発達への影響

一方の親を喜ばせるために、嘘をついたり、もう一方の親の至らない面を大げさに脚色して騒ぎ立てたりする子どもは、どうやって真実を歪め、どのようにして他人を犠牲にすれば真実を隠しおおせるか、といった非常に危険なスキルを教え込まれていると言えます。当然ですが、子どもにこのようなスキルを学んでほしい親はいません。

あなたと元夫・元妻に対する見方が一面的になる

子どもは生活のなかで関わる人々に対して、相反する感情、あるいは複雑な感情を持っています。あなたの娘は親友が大好きでも、もし不快なことをしたり、秘密を漏らされたりすると相手に腹を立てるでしょう。あなたの息子は大好きなコーチを「すげーいいよ」と評価しながらも、同じ人物を「服がダサい」とか「息がくさい」と言ってバカにするかもしれません。ユーモアのセンスがあると人気の学校の先生は、単位を出してくれないひどいヤツと思われているかもしれません。言いかえると、子どもは多くの場合、あなた、元夫・元妻、その他誰であれ、一人の人間に対してよい感情と悪い感情の両方を持つことができるのです。しかしながら、忠誠葛藤に囚われた子どもは、この能力を失い、一面的な見方をするようになってしまいます。

ここでもう一度、完ぺきな親などいないということを強調しておきたいと思います。すべての親には欠点があり、ときに子どもをイラつかせる何らかの性質を持っています。非常に寛大で、柔軟で、優しい親でも、ときには子どもの不満や憤慨にむすびつくことを承知でしつけをしなければなりません。子どもはあらゆる法外な要求をします。そのすべてを叶えることはできないし、すべきではありません。朝食にお菓子を食べたり、日が暮れて真っ暗になっても外で遊んだり、放課後に毎日相手を変えてデートをしたり、ゴミ箱にインスタント・ラーメンの食べ残しを捨てたり、ヘルメットをかぶらず自転車に乗ったり、夜更かししたり、電気を点けっぱなしで寝たりしてはいけないのです。親は、ときには「だめ」ときっぱり言うことが必要です。そして、そのように言われると、子どもは不満（もしかしたら怒り）を覚えるでしょう。

幸いなことに、多くの子どもは、親が万能ではないこと、すべての願いを叶えてくれるわけではないことを理解していきます。親は、強さと弱さ、よい特性とそれほどよくない特性の両方を持つ人間であるということを理解するのです。しかしながら、忠誠葛藤に囚われた子どもは、相反した感情を表現しなくなり、親を極端に理想化するようになります。まるで一度も複雑な感情を覚えたり、ネガティブな受け止め方などしたことがないかのように振る舞うのです。元夫・元妻は「すべてよい」、あなたは「すべて悪い」というふうに。ある思春期の片親疎外の子どもは、「死ぬまでお父さんは絶対だ！」と尋常ではない目つきで宣言しました。こうした教祖を崇拝するような態度は、もう一方の親に対する根拠のない非難と表裏一体となっています。

完ぺきな親はいないということを念頭に置くならば、子どもに好かれている親もまた完ぺきではありません。実際、子どもに好かれている親の方が、非常に多くの明らかな欠点を持っている場合もあります――キレやすい、ドラッグ常習者である、適切な養育をすることに関心を持たない、といった人もいます。しかし、忠誠葛藤に囚われた子どもにはそんなことは一切どうでもよいのです。何をしようと、それをよいものとして受け取ります。「その親がすることはすべてよいこと」だからです。ある事例では、子どもがスポーツの最中ケガをして、痛みを訴えているのに、母親が病院に連れて行きませんでした。その後、ようやく適切な医療を受けたとき、骨折していることがわかり、ギプスをつけることになりました。それでもこの少年は、適切な医療を受けられなかったことをまったく気にしていないように見えました。母親の選択は正しかったと思っていたのです。このように多くの場合、子どもに好かれている親は、疎まれている親よりも、客観的に言って欠点を多く持っています。それなのに、子どもはまるで正反対に振る舞います。あなたのネガティブな性質に焦点を当て、元夫・元妻の欠点は大目に見るか、完全に見過ごすのです。

すでに述べたように、忠誠葛藤に囚われた子どもの行動は、親に虐待された子どもや、親を拒絶する正当な理由がある子どもの行動とはかなり違います。一般的に、被虐待児は加害者である親を非難したり、もう一方の親を崇拝したりはしません（ブリエール、1992）。両親に対してあらゆる感情を表現することができます。たとえば、性的虐待を受けたある子どもは、「私はお父さんが好き。でも、お父さんが寝室に来なければよかったと思うの」と言いました。身体的に虐待されたある子どもは、「お母さんのことはキレなければ大好き。キレたときは大嫌い」と語ってくれました。

◆子どもの発達への影響

相反する感情の欠如は、現実に対する見方が歪曲していることを示しており、現実の世界でうまく立ち回る能力を奪い、子どもの発達や健全な成長を妨げます。多くの人は、すべてによい性質と悪い性質があり、「すべてよい」あるいは「すべて悪い」などという極端な分類は非現実的で単純化し過ぎだと知っています。「完璧ではない親は全面的に拒絶すべき」というような子どもは、大人になっても成熟した適切な方法で人と交わることができず、人間関係の維持に困難を抱え、友人もなかなか得にくいでしょう。

「自分の考え」と言い張る

忠誠葛藤に囚われると、子どもは、あなたに対するネガティブな感情は「自分の思い」であって、元夫・元妻の影響ではないとわざわざ繰り返し言い張るでしょう。あなたに対する敵対心とは何の関係もないと声高に主張するのです。子どもは大人びた口調で「自由意思」という概念を引き合いに出すかもしれません。しかし、『ハムレット』にあるように（三幕二場：「この夫人は大仰なことばかりおっしゃっている、と私は思う」）、あまりにも強い調子で言い張るその態度から、真実というよりは、それを信じ込もうとしている事態が露呈する場合があります。言ってみれば、先んじて強烈にあなたを否定することによって、元夫・元妻の影響を周囲に知らしめているのです。

単純に親の影響を否定することだけでなく、「おまえは影響を受けている」と誰にも指摘されないよう先回りして否定することや、元夫・元妻を非難から必死で守ろうとする果敢な奮闘も、「これは自分の考えだ」と言い張る症状に顕著な特徴と言えます。たとえば、何の前触れもなくいきなり部屋に入ってきて、(あなたが母親の場合)「ママ、全部自分で考えたお願いごとなんだけど、パパにキレないで。僕がそう言うのはパパの影響だなんて思わないで。だって全然関係ないんだもん。これは一〇〇パーセント僕の考えだよ。全部自分で考えたんだ」とわざわざ言いにきます。あなたに対する冷酷でしなくてもよい拒絶を正当化するために、「受け売りの脚本」(のちほど解説します)を駆使したり、練習した通りに不平を言ってみせ、それをうんざりするほど繰り返したりするでしょう。

子どもが「自分の考え」と言い張ることは、元夫・元妻にとって有利です。表向きは面会交流にオープンであるかのように振る舞いつつ、子どもが面会交流を拒否していると言い訳できるからです。

◆子どもの発達への影響

子どもは大きくなるにつれて、主として批判的に思考する方法、問題解決の方法、自分にとって真実だと思うものを見つけだす方法を学んでいきます。しかし、元夫・元妻の影響を強く受けると、自分自身で考える能力を失います。自分の好みを理解し、選択をし、物事を計画し判断をするとき、元夫・元妻を必要とするようになるのです。子どもの自由意思は空っぽになってしまいます。すべての選択、好き嫌い、計画と目標は、元夫・元妻のニーズや願望というフィルターを通して決定されるようになります。（自分の考えだとわざわざ宣言する）子どもは、自分自身の思考や感情を感じたり経験したりする能力が損なわれ、実際は、元夫・元妻に過度に依存しています。

あなたを拒絶することに罪悪感を持たない

忠誠葛藤に引き裂かれている子どもは、一方の親に非常にひどい仕打ちをする傾向があります。結局のところ、もう一方の親に承認されるからこそ、あなたの心を破壊しようとするのです。それゆえ、あなたに無礼かつ冷淡に振る舞うでしょう。その際、ひどい態度をとっても、まったく良心の呵責を持っていないように見えます。「おまえはもう私に会う資格がない」と言い放つかもしれません。あなたからの贈り物、好意や愛情に対する感謝の気持ちを著しく失っているでしょう。逆に、子どもである自分には権利があると言わんばかりに、得られるものは何でも搾取しようとするケースもあります。あなたを軽蔑する人物と見なして、敬意、感謝、礼儀を示さないかもしれません。あなたの親としての権威を否定し、存在を消去します。子どもはまるであなたには感情などないかのように、あるいは、そんなものなどどうでもいいというように軽く扱うことを、元夫・元妻に後押しされているのです。

裁判官に報告する際に親について嘘を並べたあと、家庭裁判所から意気揚々と出てきて、「やったぜ！」と叫ぶといった言動も、このパターンの一例です。ためらいや気おくれを見せるかわりに、まるで大勝利を収めたかのように悦に入るのです。すでに述べたように、そうする理由があるのだから、親に感謝を示さなくてもかまわないのだと、傍若無人に振る舞う子どももいます。このようなことの背景に、そう仕向ける親の言動があったとき、そして正当な理由（拒絶されている親による虐待やネグレクトなど）がないとき、子どもは忠誠葛藤に囚われていると言えます。

子どものときにこのように振る舞ったことがあるという人を対象にした調査では、当時、拒絶しながらも罪悪感を覚えていたという人も含まれていました。大好きな親に嫌われることが怖くて、正直に気持ちを表現できなかった背景が明らかになったのです。また多くの調査協力者は、ずいぶん後になってから、自分の態度に罪悪感を覚えたという経験をしていました（ベイカー、2007）。

忠誠葛藤に囚われた子どもには罪悪感が欠如していますが、この点もまた親から虐待された子どもの言動と明らかに違っています。後者であれば、身を守ろうと決め、親を懸命に気遣うことをやめ、拒絶するとき、多くの場合において罪悪感を覚えます。一般的に、加害者である親をかばおうとするのです。そして、自分が親を不快にさせ、困らせるようなことを言ったり、してしまったと気づいたときには、落ち込む傾向があります。

◆子どもの発達への影響

周囲の人に対する配慮の欠如は、発達と健全な成長を妨げる要因となります。悪行に罪悪感をおぼえることがなければ、あるいは、他人の感情に配慮したり、その存在に気づくことがなければ、他人を傷つけるかもしれない振る舞いはしないという「内なる抑制と均衡のシステム」を身につけることはできません。共感された経験のない子どもは、他人のニーズや感情をないがしろにするため、大人になっても有意義で健全な人間関係を維持できないのです。

父母が衝突したら、元夫・元妻を反射的に支持する

共同養育する親は、子どもの福祉に関わる判断や、面会交流のスケジュール調整をめぐって頻繁に衝突します。裁判所の判決で養育計画が決定しても、計画にはたくさんの曖昧な部分が含まれているので、履行の方法をめぐって絶えずぶつかるはずです。たとえば、母の日が父親の誕生日と重なってしまったら、どうすればいいでしょうか？　月曜日に子どもを学校に送り届けるという取り決めになっていて、それが祝日だったら、どちらの親がそのチャンスを「手にする」ことになるでしょうか？——学校のある平日に子どもを育てる親でしょうか、それとも週末に子どもと過ごす親でしょうか？　養育計画があらゆる不測の事態をカバーできるとは思えません。常にグレーゾーン（曖昧な部分）が残るからです。悪意ある元夫・元妻は、この領域を有効活用する特殊な才能を持っていると思われます。言うまでもなく、そのような日は、**自分が**子どもと一緒に過ごすべきだと主張してきます。すると子どもは、明らかに馬鹿げた理由であっても、悪意ある元夫・元妻の主張を反射的に繰り返し、その意向を支持するでしょう。たとえば、ある父親は、隔週で月二回、週末を子どもと過ごすことになっていたのですが、該当の週末が月末から翌月にかかる場合、その翌週も自分が面倒を見ると言い張りました。「新しい月に入っている」というのが理由です。「月二回」という表現の曖昧さを利用したわけですが、子どもはこれに反射的に同意し、言うまでもなく、そうしたいと主張しました。

面会交流は、一方の親が子どもと過ごせなくなるだけでなく、親であれば当然参加したい我が子の人生の区切りとなるような出来事、イベントに立ち会うチャンスをめぐって衝突することにもなります。理由が何であれ、忠誠葛藤に囚われた子どもは、好きな親の味方をするでしょう。衝突のなかで多いのは、学資預金をめぐる諍いです。これは好きな親を反射的に支持するケースですが、自分の拒絶する親が学資預金を盗んだと子どもが騒ぐ事例がありました。実際のところ、その子は大学とは何なのかを理解しておらず、お金の概念さえ十分に把握していませんでした。一方の親の、学資預金が盗まれたと言う言葉をそのまま真に受けたのです。責められた方は血相を変えて否定し、銀行に飛んでいって最新の預金額を調べ、子どもに見せました。証拠を見せれば、本当のことを理解してもらえると思ったのです。しかしながら、まったくそうなりませんでした。「僕が間違っていたよ。預金額を見せてくれてありがとう。使っていなくて安心したよ。非難してごめんなさい」と言うどころか、預金額にはまったく関心を示さず、頑なに盗まれたと信じているのです。好きな親は常に正しいと「信じて」いて、何を見せても誤解は解けませんでした。

受け売りの脚本にそって行動する

忠誠葛藤に囚われた子どもは、元夫・元妻の口ぶりや不平不満をそっくりそのまま借りて、あなたを責め始めるでしょう。まるで操り人形のようです。子どもの口から聞かれる言葉や口調は、元夫・元妻のそれを思い出させるはずです。「洗脳」あるいは「訓練」されているように見えるかもしれません。明らかに自分で理解していないと思われる言葉や概念を口にします。意味も知らない単語を使って非難します。「おばあちゃんは最悪の客人ね」という言い方は、幼児のものとは思えません。客人という使い慣れない単語を使ったり、客人のよし悪しを考慮する幼児など、まずいません。このように、子どもは自分で経験していないけれど、（親から聞いた）出来事を引き合いに、あなたをこき下ろすかもしれません。

ある離婚家族では、父親が家に娘を迎えに来るときどう対応すればよいか、母親が脚本を書いて、娘に暗唱させていました。娘が台詞を間違えないように、事前に一緒に練習さえしていたのです。脚本はいつも父親に向かって、「最低の親！　大嫌い！」と叫ぶところで終わっていました。

ある離婚家族では、こんなことがありました。金曜日に学校から帰ってきた小さな女の子が、算数の先生に特別クラスに進級していいと言われたことを、興奮しながら母親に報告しました。少女は算数が苦手だったため、これは誇らしいニュースです。新しいクラスが難しすぎた場合は、成績を落とすことなく元のクラスにすぐ戻れることも母親にうれしそうに報告していました。次の朝、少女は週末を一緒に過ごすために父親の家に向かいました。ところが、母親のもとに返った月曜には、「私は算数でいい成績をとっていないから進級しないことにした」と暗い表情で言うのです。母親が何を言っても考えは変わりませんでした。例によって、彼女は父親の影響によるものではなく、「自分の考え」だと言い張りました。しかし実際は、父親が成績表を根拠に、娘の新しい挑戦を妨げていたのでした。

あなたの友人や親戚にまで敵意が及ぶ

忠誠葛藤に囚われると、子どもはあなただけでなく、あなたの友人や親戚との関係も拒絶し始めるでしょう。祖父母、おじさん、おばさん、いとこに至るまで、あなたの関係者を突然避けるようになるのです。仲良しだった事実や楽しかった思い出をすべて否定し、「おばあちゃんを好きだったことなんてない」と言います。単に避けるだけでなく、ひどいあだ名で呼び、冷淡な表現で中傷するでしょう。あなたの家族と旅行に行くのではなく、週末に元夫・元妻の家にとどまってガレージの掃除をすることを選ぶのです！

この点もまた、虐待された子どもには見られないことです。実際、虐待があるとわかって自宅から保護された子どもの多くは、その後、加害者である親の親戚の家に預けられています〔アメリカでは、保護後に児童養護施設ではなく、親戚の家で育てられることも多い〕。

エクササイズ2・2　あなたの子どもはこうした症状を示しているか？

離婚後に子どもが以下の症状をどれぐらい頻繁に示しているか、チェックしてください。複数の子どもを共同養育しているならば、それぞれの子どもについて別々にエクササイズをやってみてください。

	まったくない	時々ある	頻繁にある
中傷を繰り返す			
些末な理由、理不尽な理由、ありえない理由であなたを拒絶する			
あなたと元夫・元妻に対する見方が一面的になる			

「自分の考え」と言い張る			
あなたを拒絶することに罪悪感を持たない			
父母が衝突したら、元夫・元妻を反射的に支持する			
受け売りの脚本にそって行動する			
あなたの友人や親戚にまで敵意が及ぶ			

子どもが八つのうちひとつでも症状を示しているならば、それだけであなたは戸惑うに違いありません。子どもは、あなたの愛情や、誤解を解こうとする努力や、親としての関わりを、一切受け付けなくなります。あなたは、子どもと引き離されそうになっていることを感じて、とても苦悩するでしょう。様々なことを試しても、効果がない場合もあります。

本書ではあなたがまだ試していない方法をお教えしましょう。悪意ある元夫・元妻と共同養育する際に効果があった方法です。しかし、その前に、こういった状況の子育てにおいて、やってしまいがちな間違いを指摘しておきたいと思います。

悪意ある元夫・元妻と離婚後の子育てをする際、よくやってしまう間違ったこと

悪意ある元夫・元妻と離婚後の子育てをするときに、ついやってしまいがちな間違いがあります。それは、以下の四つです。

怒りをぶつける

二〇〇七年に不名誉な留守番電話メッセージの内容が暴露されました。俳優のアレック・ボールドウィンが一一歳の娘に電話に出ろと悪態をついたのです。彼のしたことを大目に見る人はいないでしょう。しかし、子どもとコミュニケーションをとろうとするすべての努力を妨害されたら、イライラして怒りたくなるのは、誰もが理解できることではないでしょうか。当然ながら、ボールドウィンと娘の間に何があったのかを正確に知る人はいません。しかし、彼の例は、典型的な間違いとは何かを知る格好の材料と言えます。彼は子どもに怒りと不満をぶつけているのです。親子関係において忠誠葛藤に囚われた子どもに対する調査で明らかになった重要なポイントは、子どもは冷淡に、無礼に、傍若無人に振る舞っているときも、心は引き裂かれているということでした（ベイカー、２００７）。子どもに怒りと不満をぶつけることは、「メッセージ」と「メッセンジャー」を混同していることを意味します〔子どもは単なるメッセンジャー（代弁者）に過ぎず、悪意ある元夫・元妻の意向を刷り込まれているだけにもかかわらず、直接子どもに怒

り をぶつけるという間違いを犯すこと」。子どもは家族ドラマの被害者なのです。怒りで応答すれば、いつも言い聞かされている、あなたは有害だというメッセージが強化されていきます。こうして、あなたは子どもの拒絶に自ら加担し、子どもを元夫・元妻の味方にしてしまうのです。

抑うつ感や敗北感に屈する

ある日、一人の父親が私に電話をしてきました。彼は、娘が自分と元妻の間に立たされて忠誠葛藤に苦しんでいるのではないかと心配していました。彼の娘は土曜日の朝に面会交流にやってきたのですが、そのとき、前の日の夜に母親と新しいアート・プロジェクトに取り組んだことを興奮しながら語りました。オリジナルのカレンダーを作成したと言うのです。娘は母親と一緒にいる日をキラキラ輝く虹色で装飾し、太陽と幸福を表すユニコーンも描きいれた、と嬉しそうに説明しました。「私と一緒にいる日はどうしたのかな?」と父親は聞きました。すると、「あっ」と娘は口ごもり、「空白のままになってる」と伏し目がちに答えたのです。ここまで私に話すと、父親は泣き始めました。がっかりして、とても悲しくなったと彼は言いました。カレンダーの何も記入されていない日のように、自分自身が空っぽになったように感じた、と。その後、娘への愛情や一緒にいる時間を大切にしたいという気持ちが胸にあふれてきたけれど、面会交流では明るく振る舞うことができなかったと教えてくれました。絶望や後悔に圧倒されてしまったのです。私はカウンセリングで、彼を消去しようとする母親の悪だくみの達成に、結果的に加担してしまっていることを、指摘しました。彼は元気を失い、娘に関心を向けることができなくなり、自分と一緒にいる時間は空白だ、母親の方が正しい、と証明してしまったのです。こうして、図らずも娘と心の距離を広げ、失望を大きくしてしまったのでした。

誤解を解こうとする

子どもに直接非難されると、慌てて誤解を解こうとする親がいます。子どもに責められたり、わめかれたりすれば確かに動揺しますし、責められることは何もないと、感情的になって説得したくなる気持ちもわからないわけではありません。しかし、無実を証明しようしてもうまくいかないでしょう。なぜなら子どもは事実に反応しているわけではないからです。合理的に説明すれば誤解を解くことができる、ちゃんと説明すればより効果的だと思うこと自体が間違っています。この状況において、子どもは一般的に、説明ではなく、親の振る舞い方に反応します。あなたが逆上し、身の潔白を説明するために「俺は悪い親じゃないぞ!」と叫んだとき、子どもが「自分の間違いに気づいたよ。誤解していたみたい」と言って考え直すことはありません。むしろ、「この人は逆上している。私、嫌い。一刻も早く逃げたい」と考えます。非難の背後にある感情に焦点を当てて関わるのが、子どものネガティブな感情を刺激することが少ないという点で、衝突の解決につながります。

元夫・元妻を非難する。もしくは自分を見つめ直さない

その他に問題となるのは、何でもかんでも元夫・元妻がやった、元夫・元妻が言ったと反射的に非難することです。忠誠葛藤を引き起こす言動について学んだあなたは、妨害を敏感に察知しやすくなっています。そのため、相手の不満や要求のすべてが、自分を消去しようとする計画の一部だと思えてしまう場合があるでしょう。この発想は、子どもとよりよい関係を築くうえでは逆効果です。現実的かつ建設的な批判を無視してしまうことになりかねません。そうなれば、子どもは、あなたのことを、懐深い愛情ある親ではなく、自分は正しいという信念や、元夫・元妻に負けたくないとこだわる親として見るでしょう。寛容な心で不満や批判を受け止めるのは簡単なことではないかもしれません。とりわけ、あなたに対してだけ冷たい子どもや、子どもをあなたと敵対させようとする元夫・元妻の不満や批判を受け止めるのは大変なことです。しかし、子どものために、自分の心を閉ざさず、自分自身のあり方を見つめ直して改善することこそが、あなたにとって必要なことなのです。

結び

著名なジャーナリストであるメリンダ・ブラウは、約二〇年前に「共同養育は自己中心的な人

や未熟な人には無理である」（1993）と述べています。私たちはブラウに賛同します。しかしながら、共同養育する親のなかには、自己中心的な人や未熟な人もいます。元夫・元妻が悪意をもってあなたを傷つけ、子どもとの関係を妨害しようとしているならば、「別れた相手と仲よくやっていく方法」といった一般的なアドバイスでは問題解決には不十分です。多少は参考になるかもしれませんが、一般的な共同養育のアドバイスそれ自体（「自分の感情を整えましょう」「ビジネスライクに節度をもって振る舞いましょう」といったこと）は、忠誠葛藤から子どもを守れないのです。あなたが第一に、そしてもっとも懸念していることは、子どもと元夫・元妻の結束がさらに強化されるなかで、操られた子どもにどのように対応すべきかでしょう。

次章からは、忠誠葛藤から子どもを守り、可能な限り子どもが両親を愛し、両親から愛されるような状況をつくる、その過程をとおして、子どもへの対応に役立つテクニックと方策を学んでいきましょう。

悪意ある元夫・元妻と子育てに取り組むあなたの目標は、親子の絆を深めること、強めることです。そうすれば、子どもは、妨害工作の影響を受けることが少なくなります。マインドフルネスを取り入れた「ポジティブ・ペアレンティング」は、それを達成する助けになるでしょう。この章と次の章では、マインドフルネスとポジティブ・ペアレンティングの一般的な概念を学びます。第5章から第9章までを通して、子どもが忠誠葛藤を経験しているときに、この考え方を具体的に活用する方法を提示します。

ポジティブ・ペアレンティングは、親が子どもとあたたかく穏やかな関係を築くことを助ける考え方であり、スキルでもあります（アドラー、1927：ドレイカース、1991：ゴードン、1970：ネルソン、2006：ポプキン、2002）。中核となる概念は、「バランスのとれた子育てスタイルを確立すること」「子どもに尊重とは何かを教えること」「クリティカル・シンキング（批判的思考）を教えること」「主導権の奪い合いを避けること」「責任を教えること」「問題解決の『主体』となるのは誰かを明らかにすること」「子どもにかける期待を適度にすること」「子どもを励ますこと」「子どもに好意的な関心を伝えること」「自分自身に気づき、自分自身をケアすること」「自分自身と子どもに対して慈悲の心を持つこと」です。

また、ここではマインドフル・ペアレンティングに関するいくつかの概念を提示します。マインドフル・ペアレンティングは、子どもが忠誠葛藤を経験しているときに役立つ考え方です。「マインドフルネス」は、自分自身や今この瞬間に対する気づきを説明する言葉で、思考や感情に対する意識を高め、周囲とのつながりを深めることを指します。マインドフルネスは、「意識的に、今この瞬間に、そして瞬間瞬間に展開する体験に、その善し悪しを判断せずに注意を向けること。それを通して浮上する気づき」のことです（カバット・ジン、2003）。この言葉は仏教の実践であるマインドフルネス瞑想に由来します。子どもとの交流の瞬間瞬間や生活場面における自分自身に対する意識的な気づきは、子育てにも適用できるのです（カバット・ジン夫妻、1997）。

ポジティブ・ペアレンティングとマインドフル・ペアレンティングは、縦糸と横糸となって織り合わさり、忠誠葛藤を経験している子どもとあなたの関係を癒し、守り、強めることに役立つ具体的なツール、そして心構えとなります。この概念とそこから導きだされるヒントは、ほぼ例外なく、乳幼児期から思春期まで適用できます。

子育ては能動的なプロセスであるということを覚えておきましょう。あなたが自分自身に対する気づきを持ち、合理的な評価のプロセスと愛情に基づいてどのようにすべきか判断を下すとき、親子の絆を築く効果はもっとも高まります。子育ては努力を要します。あなたができることの幅は、あなたと子どもが成熟し成長するにつれて、時間と共に広がっていきます。

バランスのとれた子育てスタイルを確立する

発達心理学者で臨床心理学者のダイアナ・バウムリンド（１９６６）は、統制（しつけや懲戒、制限の設定）と、反応（あたたかさ、愛情、子どものニーズへの関心）のバランスという観点から、子育てには三種類のスタイルがあると説明しました〔無関心型を付け加えて四種類にする研究もある〕。

【独裁型子育て】子どもに過剰な期待を寄せ、厳格かつ苛酷に要求をし、冷淡だと子どもが感じる方法で伝える。

【消極型子育て】子どもの言動に対する要求や期待は少なく、子どものニーズに対して受身的に反応する。

【民主型子育て】子どもに高い期待を寄せるが、子どものニーズにも積極的に反応する。

注目したいのは三番目です。民主型子育ての親は、あたたかく、思いやりがあり、毅然としています。放任することなく、子どものニーズに寄り添います。このスタイルは、親密であたたかい親子関係や、子どもの責任感と結びつくことが分かっています（バウムリンド、1966）。そして、甘やかし過ぎや厳し過ぎといった明らかな間違いを避ける手助けになります。元夫・元妻があなたの権威を貶めようとしているなかで、この子育てスタイルを貫くのは難しいものです。あなたは過剰に反応したり、子どもに八つ当たりしたり、逆に、敗北感からすべてをあきらめたり、衝突を避けようと懸命になって子どもを甘やかすかもしれません。そんなときは、本書が提示する方法が、子育てに必要なバランスの確立に役立つでしょう。

子どもに尊重とは何かを教える

尊重は、マインドフルネスとポジティブ・ペアレンティングの基礎であり、理想です。本書は、あなたが子どもを尊重し、（問題となる振る舞いをする片親疎外の子どもに対しても）深い愛情と好意的な関心を伝える優しい口調（同時に、必要なときは毅然とした態度）で語りかけることを推奨します。また、子どもが尊重を示すような口調であなたに話すよう促すことをも推奨します。

子どもの尊重をひきだすことは難しいことかもしれません。とくにあなたに対して中傷を繰り返し、無礼で軽蔑的な態度をすでに示しているなら、なおさらです。また、あなたにとっても元夫・元妻に操られている子どもを尊重することは難しいでしょう。尊重を示しつつ、しっかりしつけたり、一緒に問題解決を目指す方法を学ぶことが重要です。あなた自身の怒りをぶつけて衝突の炎を燃え上がらせることを回避するためには、あなたが身をもって尊重の態度を示さなければいけません。

◆ヒント：尊重を示す

あなたと子どもが心穏やかなタイミングを見はからって、君の意見はどう？ と尋ねてみましょう。そして答えの中に我が子ならではの視点を見つけてください。たとえ常に同意できなくても、考え方や感情を尊重していることを伝えてください。

同意できないときも、尊重を示す口調で話しかけてください。

子どもの言うことすべてが元夫・元妻に感化されたものだと決めてかからないでください。非難や不満がかえってきたら、それを丁寧に検討することが大切です。

あなたが子育てにおいて尊重を重視していることを強調するために、会話のなかで「尊重」という単語を使ってください。

クリティカル・シンキング（批判的思考）を教える

よくあることですが、親はなんでも教えようとし過ぎてしまいます。すべてを知っている大人として、得意げに子どもの質問のすべてに答えてしまうのです。なぜルールに従わなければならないの？（なぜ学校に行かなければならないの？　なぜ栄養をとらなければならないの？）などと聞かれると、家族のルールや、学校に行くことや栄養をとることの重要性を伝えたくなってしまうのです。もちろん、ルールに従うべき理由を説明してもかまいません。しかし、もっと重要なことがあるのです。子どもが質問するときは、「クリティカル・シンキング」のスキルを教える機会です（クリティカル・シンキングは、検討事項の十分な理解に基づき、自身の論理構成や思考の暗黙の前提をも省察的検討の俎上に載せて、最適解を目指す思考方法）。同時に、自分にとって真実だと思う物事を見いだしたり、自力で答えを探し出す能力を育む機会にもなります。たとえば、子どもの質問に、あなたが「素晴らしい問いかけだね！　自分はどう思う？　なぜルールに従う（学校に行ったり、栄養をとること）必要があるのかな？」と答えると、背中を押してもらったように感じるはずです。（ほんの少し後押しすれば）子どもは間違いなくあなたと同じ考えにたどり着くはずです。答えを見いだした子どもは自信を感じるだけでなく、自分の知性を信頼してくれたあなたに感謝するでしょう。

忠誠葛藤を引き起こす言動にさらされている子どもは、クリティカル・シンキングのスキルを手放しかねません。あなたにできる援助のひとつは、このスキルを日々の暮らしを通して育てることです。子どもは、次第に日常生活で幅広く応用するようになり、忠誠葛藤の対処にも役立てるようになるでしょう。

◆ヒント：クリティカル・シンキングのスキルを教える

子どもが意見を述べたら、どうしてそう思ったか、愛情あふれる優しい口調で質問してください。そして、そう判断した理由に注目することを促してください。

また、それについて誤解はないだろうかと質問してください。自分が誤解してしまったときの失敗談を引き合いに出してもよいでしょう（親子問題に焦点を当てた例にしてください）。

テレビコマーシャルを一緒に見るとき、宣伝が必要のない商品まで欲しくなるように作られていることを何気なく指摘してください。

スーパーマーケットで買い物をするとき、必要のない商品を買わせるためにパッケージやディスプレイが工夫されていることを指摘してください。

友だちと本や映画の感想がちがっていても、また好みが合わなくても、相手と同じように感じる必要はないことを指摘してください。自分の好みを大切にすればよいと教えてください。

主導権の奪い合いを避ける

子どもは親が改めさせたい、修正したいと思うことを頻繁にしますが、そんなとき親は一生懸命子どもをコントロールしようとしがちです。あなたは、自分の意思を押しつける戦いを挑まなければ、子どもが望ましくない行動を「やり逃げ」するのではないかと不安に感じているかもしれません。子どもは好きなように話し行動したいのですから、言うまでもなく、こうしなさいと指図されれば抵抗するでしょう。互いに主導権を手放そうとせず、日常生活は些末な事柄をめぐって、どちらが力を得るかという戦いの場になってしまいます。しかし、それではいけません。

ポジティブ・マインドフル・ペアレンティングは、親と子どもの両者が力とコントロールを失うことのない解決策を探ります。衝突を避ける秘訣については、次の章で紹介する具体的な方法（選択肢を示す、一緒に問題解決を目指す、家族のルールを定める、など）で学ぶことができます。子育てにおいては、すべてのやりとりをこの原則で貫くことが大切です。ポジティブ・ペアレンティングの目標は、あなたの力を行使することではなく、子どもをひとりの人間として尊重することです。あなたが衝突を避ければ（あるいは、避けられなくても、誰にとっても納得できる仕方で物事を解決できれば）、互いにあたたかい気持ちで向き合うことができるでしょう。

元夫・元妻があらゆる場面であなたたちの衝突を煽っている場合、それを避けられるかどうかが鍵になります。あなたは不要な衝突を避けるスキルとその方法をマスターしなければいけません。衝突を避けられない場合も、子どもとの関係を損なわない方法で、話し合い続けてください。

責任を教える

ポジティブ・ペアレンティングの主な目標は、時間をかけて、親の権威を手放していくことです。子どもは成長するにつれて、様々なスキルや態度を身につけ、責任ある自立した人間になっていきます。ポジティブ・ペアレンティングは、子どもにそのスキルや態度を身につけさせる多様な方法を駆使します。それによって、健全で自他を尊重する判断を下せるようになり、人生が正しい方向へと導かれてゆくでしょう。

悪意ある元夫・元妻と子育てに取り組むとき、あなたは子どもが自分の判断に責任を持てるような援助をしてください。そして、子どもの「内なる強さ」を育ててください。一方の親を選ばせ、一方を拒絶させせようとする圧力に負けないように。子どもに責任を教えることは、一般的に言って、子育ての基本です。とりわけあなたが置かれているような特別な状況では、もっとも重要な意味を持つのです。

問題解決の「主体」となるのは誰かを明らかにする

親は子どもが抱える問題のすべてに反応してしまいがちです。まるで子どもの問題が自分のそれであるかのように過剰反応してしまうのです。しかし子どもは、人生に立ちはだかる問題のすべてに親が干渉することなど、まったく望んでいません。それに気づくとあなたも楽になりませんか？　子どもが意見を求めない限り（たとえば、「なんで友だちは私をパーティーに招待してくれなかったのかな？」などと聞かれない限り）、何かをしたり言ったりする必要はないのです。子どもが不安になっていたり、動揺していたら、子どもが語ろうとすることをしっかり聴いてあげてください。本人がすでに問題を解決する「主体」である自覚を持っているならば、干渉は自立を妨げる害にしかなりません。

子どもの問題と自分の問題を区別するのが難しい場合もあります。状況に反応する前に、自分にとってそれがどのような意味を持つか冷静に見つめ、誰の身に起こっている問題なのか理解しようとすることが役立つかもしれません。たとえば、子どもが宿題をしなかったり、夕食を食べなかったりするのは、誰にとって問題となるのでしょうか？　答えは、それが引き起こす影響と、あなたがどう折り合いをつけるかによります。たとえば、宿題をせずテストの点数が低かったとき、あるいは、先生に叱られたときに、子どもは親に怒られるよりもより多くをそれらの経験をとおして学ぶのではないでしょうか。同じく、夕食を食べないとどうなるかについて、親に怒られるより、お腹が空いた経験からその意味を学ぶのではないでしょうか。いずれの状況においても、あなたが助けてしまうと（たとえば、学校の先生に手紙で成績不振について言い訳したり、夕飯を抜いた子どもに夜食としてスナック菓子を与えるなど）、子どもは困ったときは親が助けてくれると思い、それ以外のことは何も学ばないはずです。一方、親が皮肉を言ったり、共感を示さなかったりすると（「あなたが怠けているからでしょ！」など）、親は味方ではないと考え、人は往々にして信頼できないと考えるようになるかもしれません。すべての親は、価値観と思考様式に基づいて、誰の問題かが曖昧なグレーゾーンにどうやって対処すべきか、見極める必要があります。

問題に取り組む「主体」は誰かという点を、子どもと冷静かつ明確に話し合うことが、子どもをサポートすることにもなります。自分の問題として取り組もうとする子どもを信頼し、尊重を伝えることになるからです。また、よけいな手出しだったのではないか、過保護ではないか、と自らをふりかえり、現状への気づきをもたらしてくれることにもなるでしょう。過干渉は子どもの健康や安心感の醸成に悪影響を与えるだけでなく、おせっかいともなります。

子どもにかける期待を適度にする

すべての親は子どもに期待をかけます（部屋をきれいにしてほしい、行儀をよくしてほしい、他人の持ち物を大切にしてほしい、など）。完全に自由放任という親でさえ、期待を持つものです（子どもは朝ちゃんと起きて服を着替えて、朝食をとって、学校に行き、校則に従う必要がある、といったこと）。子どもが大きくなるにつれて、自分の子どもについての理解が深まり、発達に関する一般的な知識も身につくので、親の期待もたいてい大きくなっていきます。しかし、過剰な期待は、子どもの不満や怒りにむすびつき、結果的に衝突を招いてしまうことを忘れてはなりません。ポジティブ・ペアレンティングにおいては、子どもへの期待は適度であるべきだという考えです。徐々に自分の能力や自由を享受するように、子どもの責任を増やしていかなければなりません。そうすれば、自信をもって自立した大人として生きていく準備ができるでしょう。過干渉も無干渉も、そのプロセスを妨げてしまいます。

悪意ある元夫・元妻と子育てに取り組むにあたって、児童の発達に詳しい専門家に相談するのも手です。親子関係を傷つけてしまう重大な子育ての間違い（過剰な期待を寄せたり、無関心を決め込んだりといった、子どもを傷つける行為）をおかしてしまう機会、そして、元夫・元妻の困った行動も減らすことができます。また、「家族会議」や「一緒に問題解決を目指す方法」（次章参照）

は、子どもに過剰な期待を押しつけず、責任を持たせることの助けとなり、衝突を減らすことに寄与するでしょう。

子どもを励ます

ポジティブ・マインドフル・ペアレンティングの実践とは、子どもを信頼して、励ます態度で関わることです。子どもが自身の問題を解決する能力を持ち、よい解決策を見いだし、目標を達成できると信じるのです。本人の最良の部分を見て、新たな挑戦を励まし、成長を促してください。目標や価値を持つのを助け、他人に過剰に依存しない大人へと成長させるのです。

励ましは、あたたかい親子関係を構築し、子どもを尊重し、評価し、信頼していることを伝える手段になります。すべての子どもが励ましを求めています。夢や希望に関心を示し、それを追い求めることができるよう、背中を押してあげてください。子どもが目標や計画をしっかり見定めて、それを追い求めるようになればなるほど、元夫・元妻の子どもを弱体化させる試みは機能しなくなっていきます。

子どもに好意的な関心を伝える

子どもは、親が好ましいと思う面と、子育ての上で困難となるあなたがあまり評価できない面をも兼ね備えた、ユニークな存在です。「手がかからない」面（食事の好き嫌いがない、よく笑う、など）もあれば、そうではない面もあります（病気がち、気分にムラがある、など）。それぞれの子どもがユニークな才能とスキルを持っています。多くの子どもに共通するのは、親が自分のパーソナリティやキャラクターに対して理解を示し、好意的な関心を持つことを必要とする点でしょう。愛情ある好意的な関心を向けることは、子どもにとってもっとも有益です。

今この瞬間のありのままの子どもに、好意的な関心を向けてみてください。あなたが期待するありようを押しつけてはいけません。好意的な関心は親子の絆を深めます。忠誠葛藤に苦悩し、子どもがひどい態度で振る舞っていても、親の愛情と理解が成長を促すのです。

◆ヒント：好意的な関心を伝える

心を落ち着かせて、子どもと向き合い、本人にしかない才能について考えてみましょう。そして、好意的な関心を伝える準備ができたら、子どものパーソナリティや才能のユニークな側面を、愛情ある口調で伝えてみましょう。ありのままの君を愛している、しっかり見守っている、君を「理解」している、と伝えてください。

また、特定の事柄に対して同じように言及してもよいでしょう。子どもが試みていることについてどう感じているか言葉にし、好意的な関心を伝えてみましょう。

自分自身に気づき、自分自身をケアする

ポジティブ・マインドフル・ペアレンティングには、「自分自身に対する気づき」だけでなく、世界は完全ではないということ、自分には欠点があるということを認識することもまた必要です。自分が間違いをおかしたとき、子どもに謝罪するなんて軟弱だと感じる人もいるかもしれませんが、実際はそうすることこそが強さであり、親子関係へのコミットメントにつながります。

完ぺきな親はいないというのが本書を貫くテーマです。「あのときは軽率だった。自分の考えを落ち着いてもっと別の言い方で伝えたいんだ」と言うことができたら、そんなあなたを、子どもは高く評価し尊敬するでしょう。自分は決して間違いをおかさないという主張は憤慨させるだけです。子どもは、人間はみな間違いをおかすということ（そして絶対に正しいと言い張ることが、

子どもを不当に抑圧するということ）を、次第に学んでいきます。改善すべき課題に気づくために自分を見つめ直すことには、意味があります。子どもの批判あるいは非難にさらされるたびに、元夫・元妻によって操られているに違いないと決めつけたり、自分は絶対に正しいと考えている限り、その気づきは得られないでしょう。あなたが謝罪し許しを請う姿を見て、子どもはその態度を身につけるのです。

「自分自身に対する気づき」のなかには、ストレスで疲れてしまってうまく子育てができない場面にあっても（つい無意識的・反射的に行動してしまうとき）、そのような自分に気づき、親業の「休憩」を求めることも含まれています。たまには子どもに次のように言ってもいいかもしれません（必ずというわけではありませんが）。「今、夕食を作ることで頭がいっぱいになっていてストレスを感じているの。この問題について話し合うのは後にしましょう。あなたは私にとってとても大切な存在だから、ちゃんと集中できるときに話し合いたいの」。こう言えば、子どもが気分を害さずにすみます。誠実な謝罪で気まずい雰囲気を解消したからです。また、子どもは尊重されていることを理解します。ないがしろにされたという不快な気持ちがわだかまると、（すでに述べたように）あなたがおかすあらゆる間違いを攻撃する元夫・元妻に操作されやすくなります。

また、「自分自身に対する気づき」は、内面に持っているイメージの検討でもあります。忠誠葛藤を経験している子どもを共同養育するときに、無力で、無価値で、屈辱的で、孤立感に溺れているとあなたに思い込ませているイメージや思考と向き合ってください。ある人は、悪意ある元夫・元妻と子育てに取り組むなかで、まるで自分は、愛してもらいたい、理解してもらいたいという「ひとかけら」の希望を求めて子どもを追い回す哀れな子犬のようだと、話してくれました。このイメージは、状況を困難にさせ、敗北感と絶望感から逃げ出してしまいたいと思わせるほど、本人を追い詰めていました。悪意ある元夫・元妻と子育てをするという勇敢な仕事を全うするには、そのようなマイナスイメージを積極的に否定し、ポジティブなイメージを育む必要があります。

自分自身と子どもに対して慈悲の心を持つ

マインドフル・ペアレンティングの鍵となる考え方は、慈悲の心を持つことです。慈悲とは、他人の苦悩に共感し、緩和を試みることを意味します。ここでいう苦悩とは必ずしも悲劇的な病気や決定的な挫折によるものとは限りません——人生が思うように進まないときに誰もが経験する、日常の不満や失望も含まれます。慈悲の心を持つことは、人間関係の改善に寄与するだけでなく、あたたかい気持ちをもたらしてくれます。心理学者のアルフレッド・アドラーは、抑うつ状態のクライアントに対して、気分や考え方を改善するために、誰かのためになるよいことをしなさいとアドバイスしました。自分自身に対して慈悲の心を持つということは、自分自身の改善のために努力すると同時に、自分の不完全さを受容することでもあります。そして充足感や喜びを遠ざけてしまう自己軽蔑や敗北感から意識的に距離を置くという意味もあるのです。

悪意ある元夫・元妻と子育てに取り組むあなたは、子どもと話すときはいつも慈悲と共感を示すようにしてみてください。そうすれば、ストレスで疲れきっているときでさえ、子どもと親近感を保つことができるでしょう——慈悲の心は、誤解した子どもがあなたを責めているような場面で、特に重要になります。怒りにまかせて（たとえば、「それは違うぞ！　私は……」などと）防衛的に反応することではなく、子どもがその瞬間にどのように感じているかを理解しようとすることが、あなたの最初の反応であるべきです。子どもの気持ちに刻まれるのは、あなたとのやりとりがどんな雰囲気だったか、ということなのです。

結び

ポジティブ・マインドフル・ペアレンティングの哲学を実践すると、親子関係を強化し、元夫・元妻が及ぼす悪影響に歯止めをかけることができます。悪意ある元夫・元妻と子育てに取り組む親は、反射的で思慮に欠けた態度、偉そうな態度を示してはいけません。マインドフルな子育てを心がけ、子ども（忠誠葛藤に苦悩する子どもならなおさらです）に愛情、尊重、慈悲の心をもって接してください。広い心を持つことが、次の章で紹介する子育て、そしてしつけの実践を可能にするでしょう。

第4章

親子の絆を強め、衝突を減らす

この章では、親子の絆を強める子育ての方法と、絆を保ちつつ衝突を回避するしつけの方法について学びます。第5章以降では、この章とこれまでの章で取り上げてきたトピックを、悪意ある元夫・元妻との子育てに活用する手段を説明します。本書のアドバイスは、わずかな例外はありますが、あらゆる年齢層の子どもに適用できます。

子育ての方法

親子の絆を強める子育ての方法として、「コミュニケーションの扉を開けておくこと」「積極的傾聴」「非指示的な注目」「褒めること・励ますこと」「感情のコーチング」「練習」「協力を求めること」「選択肢を示すこと」「家族会議」について説明します。

コミュニケーションの扉を開けておく

親子は多くの時間をコミュニケーションに費やします。子どもが親というものを経験するとき、会話をどのように感じるかが重要な役割を果たします。残念なことに、話を聞いてもらっていない、理解されていない、尊重されていない、と感じさせるような対応をする親もいます。

◆コミュニケーションにおける一四の壁

子どもに以下のいずれかの対応をしているとしたら、あなたは「コミュニケーションの壁」(ゴードン、1970)を築いています。子どもの考えや気持ちを理解しようとしない証拠、話を聞いていない証拠です。本当の意味で子どもと一緒にいないのです。元夫・元妻のもとから帰ってきた子どもが、あなたに怒りをぶつけ、言われのない非難を繰り返す状況で、以下のように反応していませんか?

(1) **命令する**:「今すぐ不機嫌な顔をするのをやめろ」
(2) **警告する**/**忠告する**/**脅迫する**:「今度カバンを居間に放り投げたら、捨てるぞ」
(3) **道徳を説く**:「人の命令に従うからこうなるのよ。お父さんのことを真に向けちゃダメでしょ」
(4) **助言する**:「お母さんはひどい人間だと嘘をつくのはやめて、とお父さんに言うのはどうかしら?」
(5) **説教する**:「よい子でないといけないぞ」

（6）**裁く／批判する／責める**：「本当に始末に負えないな。こういうのは嫌いだ。人の言いなりになっていたら、人生、苦労するぞ」
（7）**おだてる**：「いつもはよい子なのに」
（8）**罵倒する／侮辱する**：「おまえは悪い子だ。今のおまえは嫌いだ」
（9）**解釈する／診断する／心理学的に分析する**：「あなたの問題は騙されやすいことね。お父さんが言う私に関する嘘を全部信じるわけ？」
（10）**なだめる**：「まあそんなことを言うな。明日になったら気分もよくなるだろう」
（11）**尋問する**：「今、何をしたの？」
（12）**気を逸らす**：「イライラする問題にこれ以上こだわるのは止めましょう。ゲームをしない？」
（13）**嫌味を言う**：「あら、なんだかご機嫌斜めなのね」
（14）**知ったかぶりする**：「解決は簡単だぞ。おまえが態度を変えればいいんだ」

エクササイズ4・1　コミュニケーションの壁によってどんな感情が生まれるか？

友人と電話で話している場面を想像してください。あなたは元夫・元妻と険悪になっていることや、相手が子どもを自分と敵対させようとすることについて、話しているとします。コミュニケーションの壁がある場合、その友人があなたにどんな対応をするかシミュレーションしてみましょう。

・命令する：「元夫・元妻にコントロールさせるな」
・警告する／忠告する／脅迫する：「このままめちゃくちゃをやらせていたら、あなた、悲惨よ。こんな話もう聞きたくないわ」
・道徳を説く：「離婚するとこうなるのよ。何を期待していたの？」
・助言する：「新しい弁護士が必要よ。裁判で争わないと。相手に思い知らせましょう！」
・説教する：「私が離婚したときと同じにしないとダメよ。一番役に立ったのは……」
・裁く／批判する／責める：「あんなバカと結婚しなかったら、こんなことにはならなかったはずよ。あなたの落ち度よ」
・おだてる：「あなたはとてもいい母親だから、あの子は絶対に敵対しないわ。何も心配しなくていいのよ」
・罵倒する／侮辱する：「あなたは腰抜けね。もう一度、断固とした態度を示して、思い通りにやらせないようにしないと」
・解釈する／診断する／心理学的に分析する：「あなたには明らかに両親との問題があるようね。それが目を曇らせているのよ。その問題に取り組むために私のセラピストに会う必要があるわ。そうしないと何もよくならない」
・なだめる：「よく寝たら気分もましになるわ。朝になったらきっとすべて丸く収まっているから」
・尋問する：「相手が電話してきたとき、あなたはなんて答えたの？　なぜ彼の要求をのんだの？　彼は子どもをいつ連れてくると言ったの？　相手と合意した点を正確に教えて」

・気を逸らす：「映画を見に行きましょう。そしてアイスクリームを食べましょう。そしたら、気分もよくなるわ」
・嫌味を言う：「へえ、それは私が聞いたなかでも最悪の話ねぇ」
・知ったかぶりする：「まず弁護士を解任して、新しい法的手段を検討しなさいよ。それで、私のアドバイスを聞く必要があるわ。それから……」

いかがですか？　この友人に考えや気持ちを話したいと思うでしょうか？　以下の空白に気づいたことを書き記しましょう。

子どもが心配事や問題をあなたに話すとき（あるいは、不満や怒りに満ちた表情でカバンを放り投げ、どうしたの？ と聞かれることを待っているとき）、子どもは自分の問題を解決してほしいと思っているわけではありません。多くの場合、求めているのは、気にかけてもらうこと、話を聞いてもらうこと、一緒にいてもらうことでしょう。耳を傾けてもらうことによって理解されていると感じるのです。これまでの章で述べたように、親は子どものためにすべての問題を解決する必要はありません。そのことを理解できるとコミュニケーションは改善していきます。あなたは、マインドフルな積極的傾聴を使ってください。

積極的傾聴

「積極的傾聴」は、聞き手としてちゃんとそばにいるという、マインドフルネス・テクニックです。単純に話を聞くだけでなく、話し手の気持ちを理解することを目的としています。子どもが（本人にとっての、あるいは、あなたにとっての）問題を提起しているとき、相手の気持ちに深い関心を払うのでなく、どう答えようか考えている自分に気づいたことはないでしょうか。そのとき、あなたは子どもを本当の意味で理解する機会や、気持ちに配慮していることを伝える機会を、自ら手放しています。そのうえ、子どもが気になっていることを話している場面で、あなたは自分の不安やニーズを反映させ、本人が何を感じているか、何が起きているかを勝手に推測してしまっています。あなたが（積極的傾聴のテクニックを使って）子どもに自分の推測が正しいかどうかを確認しない限り、子どもの悩みを本当の意味で理解することはできません。たとえば、本当は傷ついているのに、怒っているに違いないと勘違いしたり、じつは問題ではないポイントを元凶と思い込んでしまうのです。そうなると、子どもは結局のところ理解されていないと不満を感じるでしょう。

マインドフルな積極的傾聴は、判断を押しつけることなく、話し手に集中して注意を払うことです。積極的傾聴は以下の六つの要素を含んでいます。

◆積極的傾聴の六つの要素

（1）**非言語的なアクションで心から注意を示す**：しっかり注目していることを示すために、頷く、視線を合わせる、リラックスした姿勢をとるといったことを試みる。

（2）**傾聴していることを示す言葉や言い回しを使う**：あなたが積極的に話を聞いていることを示すために、たとえば、「なるほど」「それで？」など、簡潔にリアクションする。
（3）**自分が話し手の言うことを理解しているかどうか確認する**：正しく理解しているかどうかを、話し手が言った内容を繰り返すことで、確認する。
（4）**情報を探る**：出来事全体を引き出す質問をする――たとえば、「次に何が起こったの？」など。
（5）**気持ちに耳を傾ける**：話し手の視点からその体験を十分に理解し、何を感じているかを想像する。
（6）**問題解決を後押しする**：話し手が自分で問題解決を目指すように勇気づけ、そのプロセスを支援することを申し出る。これは、何をすべきか、どう考えたり、どう感じたりすべきか（すべきでないか）を押しつけることではない。

積極的傾聴がどんなものかという感覚をつかむために、まずは友人や同僚と練習してみましょう。自在に積極的傾聴ができるようになってから、子どもとの会話に役立ててみてください。もっとも重要なのは、言葉や感じていること、主観的現実、体験、意思、夢について、本人がどのように理解しているかを聞くことにできるだけ集中し、子どもと「一緒にいる」ことです。

非指示的な注目

「非指示的な注目」とは、一切の指示を控え、ただ注目を示すような、親子のやりとりを説明する用語です。非指示的な注目には、二つの不可欠の要素があります。ひとつは、子どもだけに注意を払うこと（会話中に電話に出たり、メールをチェックしたり、夕食の準備をしない、など）。そして、もう一つは、安全確保以外の理由で子どもの活動を制限したり、指示したり、影響を及ぼさないことを心がけ、子どもにリードさせること。非指示的な注目の実践を始めるために、子どもと過ごす一定の時間を確保し、その間は他のことはしないと伝えてください。そして、子どもに何をするかを選んでもらい、一切指示や訂正をせず、あなたが注目し心を傾けることで生まれる恩恵を子どもに享受させせましょう。あなたの仕事は、子どもの選択や判断を尊重し、それを確認することのみです。

非指示的な注目を実践するとき、あなたはしっかりそこに存在しながら、子どもに場を仕切らせています。たとえば、子どもがお絵描きを選んだとします。非現実的な絵を描いていたり、間違った画材の使い方をしていても、訂正してはいけません。その代わり、「なるほど」といった中立的なコメントによって、注目を示すのです。たとえば、子どもがおもちゃの農場セットで遊ぶことを選んで、養鶏場のなかに牛を置いても、それを指摘したり、牛を牛舎へと置き直してはいけません。そうではなく、「牛をここに置くんだね。なるほど」と言ってください。これは、言うは易く行うは難しかもしれません。親であるあなたはおそらく教えることに慣れていて、こうした機会を通して、子どもに世界を教えていたことでしょう。注目を示し、積極的に関わりながら、積極的に**影響を与えない**ことは、簡単ではありません。しかし、できれば毎日ほんの少しの時間でいいので、子どもに対して非指示的な注目を実践してみてください。それはあなたが深呼吸したり、自分が何に注目しているか意識するというマインドフルネス的行動を引き出すときにも、役に立つことかもしれません。もし、自分の心が集中していないことに気づいても、そんな自分を過剰に責めず、穏やかに意識を子どもに戻してください。「今ここ」にいる子どもに注目するのです。

褒める・励ます

子どもはいくつであっても注目されることを必要としています。ハグされたり、微笑んでもらうことが好きですし、ポジティブな注目を引きつけること、たとえば「愛しているよ」と言われることを好みます。しかし、それが注目をひく唯一の手段だと考えて、ひどい態度で（反抗的、無礼な、横柄な態度）、注目（叱責や説教など）を引き出そうとすることもあります。あなたが十分にポジティブな視線を注いでいるならば、子どもが注目されたくて反発することは少なくなります。一般的に言っても、ポジティブな注目は親子の愛情や絆を強めます。

褒めるのは、なかでも重要なことです。「子育て向上センター」は、よい影響を与える「子どもを褒めるときの七つの要素」を以下のように報告しています。

◆子どもを褒めるときの七つの要素

（1）**子どもを見つめる**：視線を合わせる。これによって、子どもはあなたが気にかけていること、自分に向かって語りかけ、世話してくれていることを理解する。

（2）**子どもに寄りそう**：自分がその瞬間何をしていたとしても、それをいったん止める。そして、子どものそばに移動する。子どもの視線に自分を合わせる（たとえば、子どもが座っているならば、すぐ横に座る、など）。

（3）**笑顔を見せる**：あたたかいポジティブな態度を表情で示す。

（4）**たくさんの褒め言葉や具体的なよい事柄を言う**：あなたが促進したい行動、褒めたいことを見つけ、コメントする。たとえば、「ちゃんと片付けたね。使い終わった後、マーカーペンを箱に戻したんだね、よくできたね」など。

（5）**人格ではなく、具体的な言動を褒める**：「よい子」という表現を避ける。子どもを批評する視点が含まれてしまうため。

（6）**からだで愛情を示す**：肩に穏やかに触れる。頭を撫でる。子どもに愛情や尊重を伝えるために、あなたの表情、行動、言葉に齟齬がないように。

（7）**すぐに褒めること。遅くなってはいけません！**：褒めることが最高に効果を発揮するのは、言動の直後である。もちろん、ずっと後になってしまっても褒めた方がよい。何も言わないよりはましである。

子育て向上センター（2001）の許諾を得て掲載。

「褒める」ことは簡単ですし、望ましい言動を強化するよい方法になり得ます。ですから、私たちは、あなたに子どもをもっと褒めてほしいと思います。少なくとも一日一回は、この七つの要素を参考にしてやってみてください。

ところで、専門家は、「褒める」と「励ます」を区別しています。ポジティブ・ペアレンティングの支持者は、「励ます」ことをめざしています。

子育てをよく知る専門家は、褒められることによって、子どもの自発的な意欲が削がれることがあると懸念を示しています（たとえば、ネルソン、2006）。また、褒めることは、その過程（「努力しているね！」）ではなく、結果（「よくやった！」）に向けられることが多いという嫌いがあります。それゆえ、子どもが最善を尽くすのは、親に褒められたときではなく、励まされたときだと指摘しています。励ましは、子どもが自分自身の価値観や信念を身につけることを促します。ですから、子どもがよくできたアート作品をつくったことよりも、一生懸命に努力していることや、本人がその作業を楽しんでいることに気づいて、そのことを励ます方がよいのです。励ましのなかには、これはよい、これは悪いと決めつける親への依存を避け、自分自身の満足感や価値観について明確に述べることを促す質問をすることも含まれます。以下はその例です。

・「改善したんだね！」
・「成績がよくなったのは、たくさんがんばった証ね」
・「自分の作品についてどう思う？」
・「その作業を心から楽しんでいるみたいだ」
・「今の自分に満足しているんじゃない？」
・「ずいぶん進歩してきたね」

褒めることに加えて、日々励まして、子どもがどのように反応するかを観察してください。

感情のコーチング

子ども（そして大人）は、一日の間にたくさんの感情を体験します。とりわけ、忠誠葛藤に苦しむ子どもはそうでしょう。しかしながら、感情を認識したり、整理したり、思いを伝えたりする能力を生まれながらにして持てるわけはありません。感情の対処法は学んで身につけるものです。成長過程のなかでそのスキルを体得していく必要があり、両親は学びのプロセスにおける鍵となる役割を担っています。「感情のコーチング」は、心理学者ジョン・ゴットマン（１９９８）による概念で、子どもが感情に対処することを助ける父親、母親のあり方を指しています。以下は、その内容です。

感情を整理するモデルになる：あなたが何らかの感情（たとえば、不満や失望など）を経験しているとき、子どもに負担を負わせたり、怖がらせたりすることにならないならば、子どもにそれを伝えてください。たとえば、こんなふうに。

・「電車が遅れているわ。約束通りの時間に着くか心配ね」
・「その人はもう出かけなきゃと言って一方的に電話を切ったんだ。イライラしたよ」
・「今日はよくやったって自分で思うの。難しい状況を乗り切ったから、気分がいいわ」

あなたが自分自身の感情を整理してみせるまでは、そして、子どもが感情にまつわる話題に慣れるまでは、子どもの感情を話題にしないでください。その代わり、たとえば本やテレビ番組の登場人物を話題にしましょう。たとえば、こんなふうに。

・「物語のなかの少年は、おもちゃを見つけて、ほっとしたみたいだね」
・「彼女は友だちに怒られることを怖がっているように見えるわ」

また他人がどのように感じていると思うかを尋ねてみましょう——たとえば、「物語に出てくる主人公の妹は、今ここで何を感じているかな。どう思う？」というように。

子どもの感情を確かめる：子どもが感情を表現していることに気づいたとき、それがどのようなものであっても、そのまま受け止めてください。正しい感情や間違った感情などないということを忘れないように。特定の感情に特定の反応を示す（子どもが怒っているときに叩くなど）のは問題です。いつだって感じるように感じてよいのです。それをふまえて、以下のように言うといいでしょう。

・「今、〇〇だと感じているのね。そのままでいいのよ」
・「私もそうなったら、同じように感じるわ」
・「みんな感じ方が違うんだよ。正しい気持ちとか、間違っている気持ちなんてないのさ」

子どもが感情を整理することを励ます：自分は子どもの感情を理解していると思わないこと。何か感じているようだね、と言ってみて、本人に確認してみてください。たとえば、「悲しそうに見えるよ。違うかい？」。どんな感情かよくわからなくて、推測も避けたいなら、シンプルにこう尋ねてください。「今どんな気持ちなのかな？」

感情に対処する手本を示す：感情（強い感情を含む）に対処する手本を示すよい方法のひとつは、ポジティブに自己と対話することです。人生で何が降りかかってこようと、何が自分を困らせようと、対処は可能だと思わせてくれます。あなたは心のなかで常にそのような対話を行っているかもしれませんが、自分を落ち着かせるために、あるいは自力で対処するために、どのように自己と対話しているか子どもの前で声に出して言うのです。「自分ならできる。今は自信がないけど、なんとかやり抜きたいから、ベストを尽くすぞ。そうすればうまくいく。きっと自分ならできるはず」と。また、たとえば、深呼吸、緩やかな呼吸、意識的な呼吸といった、落ち着きを取り戻すためのマインドフルなテクニックを使うこともできます。緩やかな呼吸とは、呼吸に注意を向け、吸った息が身体に行き渡り、そして出ていくのをじっくり感じる呼吸方法です。吸った息が吐く息になる直前の一瞬にとりわけ注意を向け、ほんの少し息を止めるのです。加えて、瞑想によって落ち着きを取り戻せば、澄んだ心を得ることもできます。強い感情が沸き起こったら、それに気づき、対処する方法を子どもに教える機会にしてください。

子どもの感情に対処する努力を励ます：子どもが動揺しているとき、その事実に気づき、感情に対処する能力を強化するには、褒めたり、励ましたりするのがよいでしょう。子どもは自分がポジティブかつ確実な方法で感情に対処したことに気づいていない場合があります。あなたの指摘によって、子どもは自分がうまく克服したことを確認できるのです。

練習

私たちは子ども時代に遊びや物事の観察を通して多くのことを学んでいきます。しかしながら、特定のスキルを伸ばすには、意識的に練習する必要があります。親子の衝突のきっかけのひとつは、親が子どもの持てるスキルや知識以上のものを期待することです。シャツの着方やジッパーを引き上げることを知らない子どもが、きちんと服を着なさいと要求されたらどれだけフラストレーションがたまるか想像してみてください。あなたが部屋の掃除や洗濯をしなさいと命じるとき、子どもはその作業にまったく異なるイメージを持っているかもしれません。もしかしたら、子どもはそうしたいのにできないのかもしれません。

ポジティブ・ペアレンティングでは、課題をどうやり遂げるか、何が求められているのかを子どもに具体的に教えます。これをしなさいと言う前に、子どもにその作業ができるか、よく吟味してください。もしできそうにないならば、全体の作業を小さなまとまりに分割して、それぞれの作業をどのようにやればよいか時間をかけて教えるのです。日常生活のなかで基本的な習慣を教えることもできます。たとえば、服を着せるとき、次のように言うのはどうでしょうか。「まずパジャマを脱ぐよ。脱いだらカゴに入れて。次はどうすると思う？　そう。洗濯したズボンを履こう。どこにあるかな？」。明るい調子で教えると、子どもはいつの間にか習慣を身につけていくでしょう。同じように、年長の子どもにも、食卓の準備をするとき、洗濯物をたたむとき、銀行の口座を開くとき、ガレージを掃除するときなど、必要なステップに区切って、どのようにやればよいか教えましょう。

子どもに生活の習慣を身につけさせるには、ポジティブ・ペアレンティングの文献（ネルソン、2006〔参考文献参照〕）に述べてある「成功のための練習」を上手に組み込むことから始めてください。そして、その練習の効果を見守ってください。

協力を求める

子どもが要求や指示を拒否するとき、すでにたくさんのことが要求されていたり、単純に協力する気分ではなかったりするのがその理由という場合があります。一方で、うまく誘われると、子どもは楽しいことだと感じます。さして興味を示さないようなことにも、たとえば、「食事の準備を手伝いたい人はいますか？　誰でも参加してくださあい」「見て、見て。私は洗濯物をたたむことが上手なのよ」などと言って、上手に勧誘してみてください。友好的な口調で話すこと。これが上手な勧誘の鍵です。誘いにのったあとは子どもが自主的に何でもやり始めます。そのことに、あなたは驚くでしょう！　しかし、どうにかしてやらせたいというときは、この方法をとってはいけません。拒否という選択肢がないときは、勧誘してはいけないのです。たとえば、寝る前の歯磨きや、就寝を勧誘してはいけません。子どもは親の操作を感じとり、腹に一物あるぞと感じることでしょう（実際、図星です）。

これまで手伝わせていないことをやらせたいときには、協力を求めてください。明るく楽しい口調で誘うことを忘れないように。

選択肢を示す

衝突なしに協力を得る方法の王道は、合理的な選択肢を示すことです。あなたは拒否を突きつける立場から降りることができます。たとえば、幼児には、「どのシャツを着たい？」ではなく、「緑のシャツと青いシャツのどっちがいいかな？」と言うのはどうでしょうか。これで、真冬にタンクトップを着たいと駄々をこねる事態をあらかじめ防ぐことができます。思春期の子どもに、お小遣いは毎週がいいか、それとも隔週がいいか、こちらから先に尋ねてみてください。あなたはどちらにも応じることができるようにしておいてください。たとえば、「シャワーを浴びる？」

は、シャワーを**浴びない**ことが選択肢にないなら、言ってはいけません。代わりに、「夕食の前にシャワーを浴びる？　それとも、夕食の後？」と選択肢を示しましょう。子どもが躊躇しているならば、どうしたいかをやさしく尋ねてみましょう。あなたが考えすらしなかった代替案を答えるかもしれません。そのときは、素晴らしい解決策を示してくれたことに感謝して、その案を選んでください。

家族会議

家族会議は団結力を高める素晴らしい方法で、家族の絆を強め、衝突や不一致を回避します。それはたまに行われる、場当たり的な話し合いではありません。家族会議は、前もって時間、場所、議題を決め、特定の形式で開催されるべきものです。目的は、メンバー全員が（元夫・元妻は別の世帯なので含みません）、家族旅行はどこへ行くか、どの慈善活動に参加するか、家事の分担をどうするかなどについて、一緒に考えて判断を下すことです。そして、食器を洗わずに放置していること、寝る時間が守られないといった問題を明確にし、それを解決することです。また、家族の標語を作ったり、一緒にゲームで遊んだりして、団結をはかることです。もちろん、ある種の大事な判断（たとえば、本人にとって致命的な影響を及ぼす事柄や家族のルールに関する事柄など）は、親が下すべきです。しかし、その他の多くの判断は、メンバー全員が参加する話し合いで、一緒に判断を下すことができます。ただし、元夫・元妻との衝突や敵対の問題について話し合うことは目的にしないよう気をつけてください。家族会議は、あなたの家族の団結を高めるために開催するのです。

◆家族会議を成功させる五つの要素

（1）**定期的な時間と場所を定める**：家族会議の時間と場所を一緒に決める。緊急の事態でない限り、毎回みんなが集まるようにする。

（2）**基本ルール**：基本ルールを一緒に決める。以下はその例。

・一人ずつ話す。
・家族会議なしで判断を変更しない。
・お互いを尊重する。
・どんな小さな問題も大切に話し合う。
・どんな馬鹿げた考え方も真剣に取り扱う。
・どんな発言も無視したり馬鹿にしたりしない。

このようなルールを書き出し、毎回、会議のはじめに読めるような場所に置いておく。

（3）**責任者を当番制にする**：毎回、メンバーの一人が司会をする。もう一人が書記になる。家族会議を民主的に行うために、小さな子どもを含めて、全員がこれらの役割を順番で担当する。

（4）**合意によって判断を下す**：諸問題（家事をしないこと、寝る時間を守らないなど）について話し合うとき、みんなの提案を聞くようにする。話し合う前に、すべて出尽すまで提案を書き出す。すべて書き出したら、みんなが納得する解決策を話し合う。

（5）**楽しい活動で終わる**：家族の団結力を高め、明るい雰囲気で終えるために、楽しい活動（ボードゲーム、アイスクリーム・パーティー、家族の標語を作る、など）で終わる。

しつけの方法

これまで説明してきた子育ての方法が親子の衝突を減らすでしょう。しかし、完全になくすことはできません。ですが、ポジティブなしつけを試みることで、衝突しても解決に導くことができます。

切り替え

あなたがやめさせたいことを子どもがやり続けるとき、最初に使うべきテクニックは「切り替え」です。ダメと言うのではなく、子どもの注意を別の活動に引き寄せるのです。これは小さな子どもに効果的です。ある年齢を超えると、一つの対象にとてもこだわったり、目の前の作業に没頭したりして、注意を切り替えられない場合があります。そのようなときは、次の「丁寧な要求」を試してください。

丁寧な要求

子どもは好ましくない行動を悪意なく繰り返す場合があります――止められないのではなく、単純に注意されたことを忘れていたり、判断が間違っていたりするからです。子どもが疲れて汚れた衣服を洗濯カゴに入れ忘れているとき、あるいは、旅行のことを考えて興奮し、食器を台所のシンクに運ばないとき、穏やかな口調でやるべきことを思い起こさせてください。これを実践するときは、反射的に反応しないことが大事ですので、そのためにはあなた自身が今の感情に意識的でいなければいけません。初めて子どもに何かを思い起こさせようとするときは、中立的な口調や態度を心がけてください――怒りをぶつけたり、がっかりした表情をしないように。子どもがわざと反抗したり、行儀悪くしていると決めつけず、行動を改善できるはずだと信頼し、それを示してください。穏やかに「洗濯カゴに衣服を入れてね」あるいは「シンクに食器を入れることを忘れないで」と言うことが、望む反応を引き出すのに唯一必要なことです。多くの場合、子どもは信頼されていると、あるいは自分のよい部分を受け入れられると、課題に自ら取り組もうとします。信頼されて穏やかに語りかけられると、自分の行動を素早く改めることができるのです。

子どもが、「丁寧な要求」を数回やってみても反応しない場合、次のテクニックを試してください。

タイム・アウトとタイム・イン

ポジティブ・ペアレンティングは「タイム・イン」の手法をすすめていますが（タイム・インについては後ほど説明します）、「タイム・アウト」を上手に使えるように、その意味するところを理解することもまた重要です。タイム・アウトとは、子どもが冷静になって自分自身を取り戻すことを助けるために、あえて一人になる時間を与えることです。しつけとしてタイム・アウトを効果的に使う鍵は、何をやめ、何を改善させる必要があるのか、子どもにあらかじめ明確に伝えておくことです――そして、子どもがそうしなかったときには、タイム・アウトの出番です。タイム・アウトを実行に移すときは、抑制の効いた穏やかな態度が非常に重要です。あなたが冷静さを失うのは、両者にとってよいことではありません。自分がストレスや怒りで爆発しそうになっていると感じたら、**自分自身**にタイム・アウトを与えてください――イライラして感情をコントロールしたい、しばらく落ち着く時間が必要だと子どもに伝えるのです。

穏やかな心で、気を引き締めて、子どもにタイム・アウトを行使する準備ができたら、目安として、子どもの年齢と同じ分数（五歳の子どもには五分）をもうけるのがいいでしょう（**あなた**がタイム・アウトの終了を告げてください）。そして、終了と同時に、問題行動を改善させてください。たとえば、弟を叩くことを止めなさいと言っても止めなかった場合、タイム・アウトが終了したときに、そのことを指摘して謝らせるか、あるいは、少なくとも何が問題だったのか話して聞かせる必要があります。タイム・アウトは、八歳ぐらいまでの子どもに効果的です。それより年上になると屈辱的と感じる場合があります。年上の子どもには、行動を変えさせるか、その場から移動するかの選択肢を提示するのがよいでしょう（たとえば、「乱暴を止めないならば、外に出ていなさい」など）。

もうひとつのアプローチは、タイム・インを申し出ることです。態度が悪いとき、子どもは例外なく気分を害していると考えてください。別の部屋に追いやるタイム・アウトと違って、タイム・インは感情を表現し解き放つ特別な時間を与え、落ち着きを取り戻させる方法です。その効果に懐疑的な人は、行儀の悪い子どもにタイム・インという報酬を与えると、その態度が将来的に増幅する主張します。しかし、経験から言うと、感情的なニーズが満たされた子どもの態度は全般的によくなりますし、注目を引くために悪さをする必要がなくなります。タイム・インの終了時には（タイム・アウトのときと同じように）、何が問題だったのか子どもに指摘しなければいけません。

結果

子どもが要求を無視した結果、あるいは、家族のルールを破った結果は、「自然のなりゆき」と「論理的帰結」というカテゴリーに分類できます。自然のなりゆきとは、行動の直接的な結果をさします。一方、論理的帰結とは、あなたが作り出した結果です。テスト前に勉強をしなかったのでよい点が取れなかったことは、自然のなりゆきです。あなたが作り出したものではありません。一方、勉強をしなかった罰として、あなたがゲーム機を取り上げたり、スマートフォンを一週間使用禁止にすることは、論理的帰結です。

多くの場合、子どもが経験や自然の結果をとおして物事を学んでいくことが望ましいです。自然のなりゆきに直面したら、あなたは中立的な態度をとるようにしてください。「ほら、そうなるって言ったでしょ」、あるいは「……のときは、こうなるんだぞ」と強く言い聞かせたりしたら、子どもが経験から学ぶチャンスは格段に減ってしまいます。最良の応答は、何も言わないか、あるいは困難な状況に共感し、次はうまくいくよと慰めることです。以下は自然のなりゆきの例です。

・いつまでも寝ないと、寝入るまでの本の読み聞かせの時間が十分に取れなくなる。
・乱暴なことばかりしていると、親は一緒に遊んでくれなくなる。

こうした例は、厳密に言えば、行動するあなたの存在を含んでいるため論理的帰結との境界線上にあると言えますが、あなたに選択肢があるというよりも自然のなりゆきとして分類しましょう。

さて、自然のなりゆきがまだ結果として見える形であらわれていないとき、あるいはそれが適切ではないとき、論理的帰結を負わせなければならない場合があるでしょう。たとえば、歯磨きをしないとやがて虫歯になります（自然のなりゆき）。しかし、そうなるまでには数ヵ月あるいは数年かかります。歯磨きの重要性を子どもに学ばせるために、それ程の長い時間を何もしないでいることはできません。さらに、自然のなりゆきが悲惨な結果を招く場合もあり（マッチの火遊びで火傷をしたり、シートベルトをせずに車に乗って大ケガをするなど）、そのような危険を経験させることはできません。子どもに背負わせる論理的帰結は、「四つのR」（ネルソン、２００６）を反映していなければいけません。すなわち、関連させること（related）、妥当性を持つこと（reasonable）、知らせること（revealed）、尊重すること（respectful）の四つを反映していなければいけません。

【関連させること】

もし、論理的帰結が問題行動と関連したものでなければ、子どもは罰を一人で引き受け過ぎてしまうかもしれません。それゆえ、論理的帰結と行動の関連は近ければ近いほどよいのです。さらに、論理的帰結を背負わせる目的は、子どもにその意味を教えることであって、気持ちをくじくことではないので、行動と論理的帰結の関連を明快に説明し、今後は正しく行動するように励まさなければいけません。たとえば、こう言うのがよいでしょう。「片付けなさいと言ってもそうしなかったから、しばらくおもちゃを取り上げます。あとでちゃんと返します。そしたらまた遊べるからね。次に『片付けなさい』と言ったら、ちゃんと片付けることを期待しています。あなたならできると信じているわ」

【妥当性を持つこと】

論理的帰結の負担が大き過ぎたり、行動と釣り合わないものであってはいけません。子どもがスマートフォンを使い過ぎているならば、適度な論理的帰結はそれを一時間ほど取り上げることでしょう。一週間も取り上げてはいけません。物事を教える機会に適した時間を遥かに超えています。そのような負担が多すぎる結果あるいは極端な結果は、子どものネガティブな行動や敵意を煽ってしまうことがあります。

【知らせること】

あらかじめ論理的帰結を知らせておきましょう。実際に結果を背負わせる以前に、そうする可能性について警告しておくのです。そうすれば、その場の怒りに任せて、あるいは意地悪からそうしているのではないことがわかります。これは理想で、常にできるとは限らないのですが。

【尊重すること】

優しく丁寧に論理的帰結を説明してください。嫌味で冷淡な、軽蔑の情をふくんだ説明ではいけません。自分がとった行動に罪悪感を持ち過ぎてしまうと、自力で改善できることを信じられなくなります。子どもは、尊重してもらえないと感じると、あなたを喜ばせようとか、次はうまくやろうというような挑戦をしなくなるでしょう。

一緒に問題解決を目指す

離婚後の子育てに取り組むあなたは、子どもと衝突すると、こちら側にあなたがいて、向こう側に子ども（と元夫・元妻）がいて、綱引きをしているかのように感じるのではないでしょうか。あなたの第一の目的は、あなたと子どもがこれでよいと感じる、双方が満足できる解決に至ることです。しかし、結果と同じぐらい、解決に至るプロセスもまた重要です。子どもがお小遣いを一〇ドル上げてほしいと言ってきたとします。しかし、あなたは四ドル上げるのが適当だと思っています。散々言い争った挙句、一〇ドル上げることを渋々ながら認めたらどうなるでしょうか。「言い争いに疲れたわ。降参よ。むかつくけど一〇ドルでいいわ。喜んでちょうだい」。これによって、子どもがお金を「勝ち取った」ことになりますが、信頼にもとづいて公正に交渉したときに得られるはずの親密感は失われています。その後、お小遣いをあげるたびに、言い争いをしたときの不快な気分がよみがえるでしょう。一方、親子とも尊重し合い、双方が満足できる解決に至ったならば、お小遣いをあげるたびに、子どもは丁寧に取り組んで問題をクリアしたことを思い出すはずです。悪意ある元夫・元妻と子育てに取り組むあなたは、不快さが残るような解決方法だけは、何とかして避けたいのではないでしょうか。

ポジティブな葛藤解決の鍵は、「私たちという魔法」をまずは使ってみることです。二人の間で合意できていないことがあるときは、真っ先にこう言ってみてください。「私たちには意見の不一致があるみたいね。あなたはXがよくて、私はYがいいと思っている。私たち両方にとってよいと思う方法で解決するにはどうすればいいかしら？」。あなたが「私たち」という単語を使えば使うほど、同じ問題に取り組み、共通の目標を目指すチームであるということ、理想的なゴールに向けて一緒に考えているのだというメッセージが、子どもに伝わります。

私メッセージ

「私メッセージ」とは、自分が嫌だと思っている行動は何か、そのことでどのように感じるか、変化してほしい点はどこにあると思っているかを、明確に、かつ直接的に説明することです。相手を非難したり、責めたりせず、自分の感情を伝えるので、これを私メッセージと呼びます。たとえば、子どもに「ベッドをきれいにしなさいって何回言ったらわかるの！　あなたは言うことを聞いてないじゃない！」と責める代わりに、「私、朝食の前にベッドがきれいになっていないとがっかりするわ。私たちが学校に出発するのが遅れるからね。私は、以前話し合って決めた通りに、朝食の前にベッドをきれいにしてほしいの」と言ってみてください。そうすることで、あなたは、子どもを非難したり、責めたり、軽蔑したり、気分を悪くさせたりするのではなく、自分の気持ちを伝えているのです。また、何が問題で、今後どうなってほしいかも明確に伝えることになります。さらに、私メッセージを使うと、あなたの問題だと思っていたことが子どもの問題だったと明らかになる場合があります（第3章参照）。また、互いに納得できる合意ではなかったとか、十分に話し合えていなかったとか、子どもに対処法を教えていなかったなど、別の問題が明らかになる場合もあります。

以下のエクササイズを通して、改善したい子どもの行動をひとつ思い出してみましょう。これまでのしつけを振り返り、今後どんなことを試してみたいかを探っていきます。

エクササイズ4・2　改善したい子どもの行動

複数の子どもを共同養育しているならば、それぞれの子どもについて別々にエクササイズをやってみてください。

以下の空白部分、あるいは日記やノートに、改善したい子どもの行動をひとつ書き出してください。その行動はいつ起きますか？　あなたはそれをどうしたいですか？　その行動を減らしたいですか？　なくしたいですか？　他の行動に置き換えたいですか？

その行動に関して、あなたがとってきた対処法を書き出してください。何が効果的で、何がそうではありませんでしたか？

その行動を改善する助けになりそうな自然ななりゆきと、論理的帰結を少なくともひとつずつ書き出してください。それをどう用いて改善するか、その計画を考えてください。

さて、その計画を少なくとも二週間試してみてください。二週間後、どの程度改善しましたか？

もし、何も改善していないならば、その期待が非現実的か、あるいは、それを実践するために必要とされる愛情や尊重が足りなかったのかもしれません（「四つのR」を思い出してください）。問題に関する合意や新しい対応策を見つけるために、家族会議でこの問題について話し合ってください。

結び

ポジティブ・ペアレンティング（とくにマインドフルネスに満たされている場合）は、親子の絆を強める考え方であり、同時に互いが誠実に問題を解決していく実践的な方法でもあります。明快さと尊重の念をもって解決するとき、あなたは親子が互いに理解しあう感覚を強めています。愛情の絆が強まれば強まるほど、子どもは元夫・元妻の心理操作や妨害の影響を受けにくくなるでしょう。次章からは、忠誠葛藤に囚われた子どもに向き合うために、どのようにこの方法を活用すべきかを模索していきます。順番に読んでいくことをお勧めますが、あなたをもっとも悩ませている問題について書かれている章から読み始めてもよいでしょう。

本書の提案をすべて試しても、片親疎外と忠誠葛藤から子どもを脱出させることはできないかもしれません。しかし、それでも、あなたの子育てや子どもとの向き合い方が不適切ということではありません。本書の提案は、以下の達成を目標に作られています。

・子どもがあなたから遠ざかる速度を緩やかにすること。貴重な親子の時間を数ヵ月あるいは数年間引き延ばすこと。
・子どもの苦悩をやわらげるために、あなたが最善を尽くしたと思えること。
・たとえ子どもが片親疎外を経験しても、いつかあなたのもとに戻ってこられるよう、そのチャンスを増やしておくこと。

第5章　元夫・元妻が有害なメッセージを送っているとき

第2章で述べたように、子どもを傷つけ、怒らせるようなことを、元夫・元妻が言っているかもしれません。この章では、元夫・元妻による有害なメッセージが、いかに子どもに影響し、あなたの安心感を脅かすかについて学びます。そして、子どもの挑発に共感と慈悲の心で対応する、ポジティブ・マインドフル・ペアレンティングの実践方法を学びます。

有害なメッセージについては、第2章の冒頭、「忠誠葛藤を引き起こす五つの常套手段」の箇所で述べました。本書で取り上げている忠誠葛藤に基づく言動はすべて、元夫・元妻による有害なメッセージの影響を受けています。そうした子どもの言動は、あなたについての有害なメッセージと連動して、それを裏付け、固め、有効化する働きをします。つまり、元夫・元妻が子どもに有害なメッセージを送ると、あなたは間違いなく子どもを失う危険にさらされるのです。

有害なメッセージの影響

たとえ幸せな結婚をしていても、ときには配偶者をけなすことがあるでしょう。ましてや離婚後の子育ては非常に困難を伴うため、こういった発言が出やすくなります。意見が（たとえ愛し合っている最中であっても）、常に一〇〇パーセント一致することなど絶対にありません。それでも、関係がおおむね良好なら、たとえ見解の違いから意に添わないことを相手がやったとしても、子どもの面前でネガティブな感情をぶつけることはまずしないでしょう。

結婚生活が破綻すると、互いに言いたいことを我慢しなくなります。結婚生活を維持する必要がないため、相手が遅刻したり、配慮に欠けた言動を示したり、腹立たしいことをしたときは、もはや黙っておく理由などない、というわけです。子どもの面前で不満をぶつけることは好ましくありませんが、それがちょっとしたその場限りの発言だったり、ポジティブな発言とバランスがとれていれば、子どもにそれほどダメージは与えません。しかし、一方の親が、第1章で述べたような、怒り、嫉妬、屈辱、傷心の感情に突き動かされ、一方の親を拒絶させるために悪口を子どもに言い聞かせ始めると、問題が生じてきます。もし、悪口を言い、あなたは悪い親で欠陥のある人間だと子どもに信じ込ませようとしているならば、あなたは悪意ある元夫・元妻と子育てに取り組んでいると言えます。元夫・元妻はあなたの人格のあらゆる側面にケチをつけ、軽蔑の念を言葉、態度、行動によって子どもに伝えるでしょう。決定的な要素は以下の二つです。

・あなたに関するネガティブな発言が延々と続く。
・あなたに関するポジティブな発言がまったくなくなる。

有害なメッセージを子どもは繰り返し聞かされることになります。あなたは救いようのないほど価値のない、軽蔑に値する人物と見なされます。実際に、あなたのすべてにケチをつけるのです。何から何まで標的になり、非難の材料にされ、攻撃されます。髪型、衣服、趣味、職業、友人、家族、料理、車の運転、映画や音楽の好みなど、あらゆることが対象です。すべてが非難、攻撃、軽蔑のネタなのです。

ネガティブな発言の内容を検討すると、たいてい次のように要約できます。あなたは安全・安心ではない、あなたには愛情がない、あなたは話が通じない、といったところです。たとえば、あなたがスピード違反をすると、子どもを自動車事故に巻き込みかねない無謀な運転手だと大げさに騒ぎ立てるかもしれません。料理がそれほど上手ではなかったら、子どものためにちゃんとした食事を準備できない親と非難されるかもしれません。面会交流の送迎に一〇分遅れただけで、愛情が欠けているから時間通りに来れないのだと責めるかもしれません。でも、一〇分早く到着すると、愛情が欠けているから子どもを急かすのだと責めるのです。このように、すべての行動が、いずれにせよネガティブに解釈されます。子どもとの面会交流を増やすことを求めるとハラスメントと攻撃され、減らすと養育放棄と非難されます。元夫・元妻が子どもをあなたに敵対させようとしたら、すべての行動が批判的に解釈されてしまいます。

離婚を招いた特定の問題があるなら（たとえば、収入、不倫、どちらが家を出るか、といった問題）、それも子どもに誤解を植えつける材料になり、そうした問題に焦点を当てた有害なメッセージは、子どもに強いダメージを与えます。定番のひとつは、結婚生活が終わっただけなのに、子どもに対するあなたの愛情まで消えたという作り話をでっちあげることです。「パパは**私たち**と離婚したのよ」「ママは**俺たち**をもう愛さなくなったから結婚生活をやめようとしているんだ」。子どもは大人の事情を十分に理解できないため、言い聞かせられた通りに信じ込み、あなたの行動の意味や意図を誤解してしまいます。

あなたは、それらは真実ではないので（ほとんどでたらめです）、自分が愛情のある献身的な親だということを子どもはきっと理解してくれるだろうと信じているかもしれません。友人や家族も、子どもは真実を見分けられるはずと慰めてくれるはずです。しかし、元夫・元妻のネガティブな発言が真実かどうかにかかわらず、子どもはその発言を吸収し、徐々にあなたを愛する価値のない人間として扱い始めるでしょう。

有害なメッセージをとおして、**何が**言い聞かせられたかではなく、**どのように**言い聞かせられたかが問題です。悪意ある元夫・元妻は、強烈な感情をぶちまけながら迫真の説得力をもって、混乱しているのはあなたに欠陥があるせいだとアピールをします。強烈な感情に巻き込まれた子どもは、それを信じ込み、あなたを無価値な人間だと結論づけてしまうのです。一般的に、子どもは親の言うことを信じる傾向があります。よくない親だと言われたら、そう信じてしまうのです。子どものときに親の離婚を経験したある人が、母親による悪口を信じ込んでいたと語ってくれました。「母親を全面的に信じていました。私にとって母親は神様みたいなものでしたから!」。元夫・元妻があなたに関してネガティブな発言をしているならば、子どもは必ず影響を受けてしまいます。権威のある立場にある元夫・元妻は真実を語っていると信じてしまうのです。間違った発言であっても、ただそれを繰り返せば、信じさせるに十分です。実際の出来事や特徴のなかに巧妙な嘘を織り混ぜると、いとも簡単に子どもは信じてしまうでしょう。

言うまでもなく、完ぺきな親はいないので、あなたへの非難にはたいてい小さな真実のかけらが含まれています。子どもの注目や不満を引き付けるような実際の欠点や失敗があり、それが悪用されるのです。

また、長年にわたって私たちは、悪意ある親が子どもの正当な憤りを利用して**煽動する**ケースを見てきました。父親が再婚するとき、「私のママは私をいっぱい愛してくれているから、知らない人となんか結婚しないんです」と言った子どもがいました。一方、自分が再婚するときに、嘲笑しながら「あの人は誰にも愛されずに独り寂しく哀れな人生を送るのよ」、と子どもに告げた親もいます。

元夫・元妻が有害なメッセージ、悪口を子どもに言い聞かせているならば、あなたは懸念を伝えて注意を喚起しなければいけません。子どもはきっと操作や虚偽を見抜いてくれるに違いないと思い込み、何もしないでいると大変なことになります。油断してはいけません。何をすべきか、きちんと方針を立てる必要があるのです。繰り返しますが、子どもは簡単に騙されてしまいます。簡単に間違った判断を下し、あっけなく説得されてしまいます。たとえば、被暗示性〔暗示による影響をどれぐらい受けやすいか〕に関する研究によると、大人は子どもに虚偽の記憶を植え付けること〔実際には起こっていないのに起きたと信じる〕さえできます（セシとブルック、1993）。実際に起きていない出来事に関して質問をただ繰り返すだけで、被験者である子どもは「思い出した」ことを報告するようになったのです。研究を終えて、実際はそんなことは起きなかったことを伝えても、子どもは虚偽の記憶を頑なに信じて譲りませんでした。心理学者エリザベス・ロフタス（1997）は、説得によって、大人に起きていない出来事を本当だと信じ込ませることも可能だと明らかにしました。こうした研究は、親子関係を守るためには、真実に胡坐（あぐら）をかいていては不十分だということを教えてくれます。

あなたの家族で問題が起きているか？

面会交流の送迎時や、電話をかけるときや、双方が出席するイベントのときに、相手があなたをどのように扱っているか、子どもの面前でどのように話しているか、おそらくあなたは気づいているはずです。話しているあなたを元夫・元妻がにらみつけるならば、あるいは、あなたの電話を迷惑な侵入者からの連絡のように扱うならば、また、子どもの面前であなたの行動、服装、考え方についてネガティブな発言をするならば、子どもを有害なメッセージにさらしていると確信できます。

あなたが元夫・元妻とまったく接触していない場合、何を言われているかを知る機会はありません。離婚家族によっては、子どもの学校を送迎の場所にして、父母が互いに接触しないように取り決めている場合もあります。そういうときは、どのように悪意あるメッセージが伝達されているか、実際には把握できないでしょう。また、元夫・元妻が、あなたがいるときは体よく振舞って、中傷がばれないようにしているかもしれません。元夫・元妻が悪口を言い聞かせているかどうか、子どもをあなたに敵対させようとしているかどうかを知る方法があります。たとえば、子どもがあなたについて以下のようなことを言うならば、確信をもってそうだと結論づけることができます。

・「ママは僕のことを愛しているから、再婚したりしないって言ってくれたよ」
・「パパが正しいわ。ママはキレやすいもん」
・「パパが、ママの運転は荒っぽいから、ゆっくり運転するように言いなさいって」

・「パパといるときに不安になったら、いつでも電話していいってママが言ったの」

とりわけ、子どもの発言に「受け売りの脚本」（子どもが普通は使わないような難しい単語や表現、理解の範疇を超える概念を使うこと。第2章参照）が感じられるときは、影響が推測されます。言うまでもなく、相手があなたの悪口を言っていることを知人から聞いたら、有害なメッセージが伝達されている懸念があります。また、元夫・元妻の裁判所での発言や裁判書類は、あなたに対する見方を示しています。必ずしも子どもに言葉で直接伝えられているわけではないかもしれませんが、少なくとも態度や雰囲気にあらわれるものがあるはずです。

エクササイズ5・1　元夫・元妻はどのように有害なメッセージを発しているか？

以下の表の上段の空白に、元夫・元妻が有害なメッセージを言い聞かせている証拠となる、本人や子どもの発言や行動を書き出してください。下段には、どのようなメッセージが伝達されたと思うかを書き出してください。複数の子どもを共同養育しているならば、それぞれの子どもについて別々にエクササイズをやってみてください。

子どもが有害なメッセージを言い聞かせられていることを示す出来事	有害なメッセージ
例：「パパ（ママ）が十分な食事を与えていないと、ママ（パパ）が言ってる」と、子どもから何度も聞いた	私が子どもを愛していない

よくある有害無益な反応

元夫・元妻が子どもに悪口を言い聞かせているならば、以下の三つの対応は避けてください。

・「おまえは考え違えをしている、操られている」と、子どもを説得する（誤解を解こうとする）。
・怒り、不満、嫌味で対応したり、不要な厳しい罰を与える（怒りをぶつける）。
・子どもの言い分のすべてが元夫・元妻の影響を受けていると捉える（元夫・元妻を非難する、自分を見つめ直さない）。

まず、子どもが忠誠葛藤に囚われていることがわかったとしても、それを本人が簡単に説明できるわけでもなければ、説明すれば関係が元通りになるわけでもないということを理解してください。残念ながら、ひとたびある考えが植え付けられると、子どもは自分自身の経験に基づいた個人的な真実と感じます。あなたが、認識が間違っていると指摘しても、おそらく子どもは攻撃されたと感じるだけでしょう。「私の考えていることや感じていることがわかるなんていったい何様のつもり？」と言い返されるに違いありません。同じように、それは思い違いだと説得することも簡単ではありません。子どもの感情に適切な注意を払っていない場合、侮辱と受け取られる懸念さえあります。

「あいつに騙されて嘘を信じ込まされているぞ」と怒りをぶつけながら説得しても同様で、おそらく攻撃されたと感じるだけです。嘘と真実、作り話と真実、空想と現実の区別もつかないのかと糾弾されたと思い、あなたに反撃するでしょう。「僕の間違いをすべて教えてくれてありがとう。真実を知ることができて感謝しています」などと言う子どもはまずいません。子どもは「代弁者（メッセンジャー）に過ぎない」のです。したがって、騙され、利用され、操られていることが確実であっても、子どもを説得すれば忠誠葛藤が解決するという単純な問題ではありません。むしろ反撃され、思い込みや敵意にますます凝り固まってしまいます。ですから別の方法が必要なのです。

次に、元夫・元妻が仕掛けた罠にはまらないようにしてください。誠実さを侮辱されたことで子どもに怒りをぶつけるとき（たとえば、養育費を浪費していると子どもに責められたとき）、あなたは第4章で述べたコミュニケーションの壁に知らず知らずのうちにぶつかっているかもしれません。たとえば、「責めるなんてひどいじゃないか。机の引き出しをこっそり見たのか？」（尋問）、「そういう言い方は許さないぞ」（警告）、「あなたは洗脳されているのよ」（心理学的分析）。このような反応が親子関係のダメージを修復する手助けになることは、ほとんどありません。実際、多くの場合、子どもの心をますます離れさせ、片親疎外の悪化を招く要因となっています。このようなやりとりの場面で子どもが記憶することは、ネガティブな感情だけです（たとえば、「パパは正しい―ママはほんとに頭がおかしい」「ママは正しい―パパは我を失ってすぐ怒る」など）。一方、あなたが伝えたかった内容（子どもに「ママが預金通帳を見せてくれたから、本当のことが理解できたよ」「パパが年金の金額を説明してくれて嬉しい」など、子どもに言ってほしいことを導く内容）は、すっかり忘れ去られます。子どもはあなたが**何を**話したかではなく、**どのように**話したかを記憶するのです。

最後に、子どもの不満は、すべて植え付けられた「受け売りの脚本」に過ぎないと決めつけて、過剰防衛しないでください。子どもの声を聞かず、元夫・元妻のあなたに対する嫌悪感に気を取られると、親子関係を改善し、共感的に子どもとつながる機会を失うことになります。たとえ子どもの不満の根拠がまったくのでたらめであることに気づいても、子どもが考えや気持ちを語ろうとするのをシャットアウトするのは間違いです。

エクササイズ5・2　親子関係における有害なメッセージ

元夫・元妻の有害なメッセージが影響していると思われる状況で子どもに責められたとき、あなたのなかに沸き起こる感情を考えてみましょう。あなたの典型的な対応は？　そうすることは効果的ですか？　以下の空白部分、あるいは日記やノートに考えを書き記してください。有害なメッセージに適切に対応をするためには、自分の感情を自分で理解することが助けになります。もっと効果的な方法を身につける出発点になるのです。複数の子どもを共同養育しているならば、それぞれの子どもについて別々にエクササイズをやってみてください。

元夫・元妻の有害なメッセージが影響している思われる子どもの言動について、あなたは通常どのように感じていますか？

あなたは通常どのように対応していますか？　それはどれぐらい効果的か、1～10の度合いで示してください。

推奨する応答方法

この節では、第3章と第4章で説明した子育てとしつけの方法を活用して、有害なメッセージを受けとっている子どもに、どう対応すべきかを説明します。

積極的傾聴

有害なメッセージにさらされている子どもは、次第に非難の対象を自分でも中傷するようになり、面会交流を拒否し、忠誠葛藤に囚われている症状（第2章参照）を示すようになります。あなたに関するネガティブな発言を（少なくともある部分）信じるようになれば、刷り込みによって、ひねくれた応答をするようになるでしょう。あなたは敵意、反抗、軽蔑にさらされて、途方に暮れてしまうはずです。あなたの課題は、否定や衝突を悪化させずに、親子の絆を強める応答を試みることです。ここで重要なのは、積極的傾聴をし、子どもの視点で経験を理解しようとすることです。

悪人だ、不適切な親だ、中傷されるべきだ、縁を切っていい親だ、などと攻撃され、非難されるなかで、積極的傾聴を実践することは難しいかもしれません。しかし、子どもがあなたの何を責めていようと、最初の対応は共感と慈悲を示すものでなければいけません。子どもがどのような感情を表現していても、それを理解するために、自分の気持ちは脇に置いてください。多くの場合、子どもは傷つき、怒りを抱えています。あなたは、なぜこんなことになってしまったのかとその理由に思いを巡らせたり、誤解をただそうとする前に、子どもの感情のありように注意を払ってください。子どもが親を罵倒することをよしとしたり、無礼な振る舞いを許せという意味ではありません。むしろ、そうするのは、悪口や罵詈雑言を聞いて、あなた自身が取り乱さないためです。

◆ヒント：侮辱への対応

あなた自身や、あなたの子育てについて不満を言われ、攻撃されているときに、コミュニケーションの壁を取りのぞくことは難しいかもしれません。身構えないでいるためには、大変な忍耐が必要になります。

元夫・元妻があなたに対して懸念を示し、あなたを軽視した口調で批判し、有害なメッセージを子どもに送っているとき、子どもの前であなたが温厚さと冷静さを保つためには、どんなことを言ったらよいのでしょうか。以下は望ましい例です。

・「そういう言い方をされても、おまえのことが大好きだよ」
・「そういう口調で言われると、話を理解することが難しいわ。穏やかにもう一度言い直してくれる？　あなたが何を言いたいのか、ちゃんと聴きたいから」
・「そういうひどい言い方をされると、傷つくよ。静かな口調でもう一度言い直してくれるかな？　君が思ったり感じたりしていることをしっかり理解したいんだ」
・「あなたの言うことをちゃんと受け取ることが難しくなるわ、だってにらみつけたり叫んだりするんだもの。気持ちを丁寧に伝えられるようになったら、もう一度話してみてくれないかしら。この問題について話し合う前に、あなたには冷静になる時間が必要かもしれないわね。あなたの気持ちを尊重したいし、何が起きているのかを知りたいの」
・「叫び続けるなら、私は出ていくよ。会話を続けたいならば、穏やかに話してほしい。君が怒っているのはわかった。だから気持ちがどこからくるのか理解したいし、この問題はちゃんと話し合いたいな」

以下の「バージョン1」は、子どもに攻撃、非難され、コミュニケーションの壁を作ってしまうと何が起こり得るかの例です。「バージョン2」は、同じ状況において、慈悲、共感をこめ、積極的傾聴をし、「今ここ」に集中するとどうなるかを例示しています。

【バージョン1】

娘：養育費を盗むなんてひどい！　パパが教えてくれたわよ、ママが自己中心的だから、パパはもっとお金を稼ぐために残業を増やさなければならないって。ママなんて大嫌いよ！

母親：（考え＝まただわ。この娘をこんなに怒らせるなんて、元夫は何を言ったのかしら。私は何も悪いことはしてないのに。私は学費の書類を見せてと尋ねただけよ。元夫に直接お金を渡す前に、学費を知りたかっただけ。彼はこの問題に娘を引きずり込んで、私を罰して自分を正当化するだけでなく、私からお金を搾取しようとしているに違いないわ。ほんとにあの人って変わらない！）そんな言い方しないで！　あなたのお金は盗んでないし、率直に言って、そういう言い方をされる筋合いはないわ。あなたは私がどれだけ一生懸命働いているか知らないし、パパが生活費をほとんど払わないことも知らないでしょ。預金通帳を見たい？　お金の使い道を見せることもできるわ。裁判官はすべての書面に目を通して、私の味方をしてくれているのよ、知ってた？　どうせパパはそのことを言わなかったでしょうけど！

娘：（邪悪な視線をむけてにらみつけて）ママがひどい手紙を書いたから、パパは裁判所に戻らなければならなくなった（再度、裁判で養育費の分担を決めることになったという意味）と言っていたわ。全部ママのせい！　ママは卑劣で欲張りよ。

母親：（考え＝娘に卑劣で欲張りと言われるのは嫌。本当に気分が悪くなる。元夫が同じ口調で話していたことを思い出すわ）。パパが嘘をつかなかったら、手紙なんて書いていないわよ。パパに実際は学費をいくら払っているかを聞きなさいよ。そしたら、誰が泥棒か分かるわ！

娘：パパが正しい。ママなんか大嫌い！（部屋を飛び出していく）

母親：（考え＝私は正しいことをしているのに！）

【バージョン2】

娘：養育費を盗むなんてひどい！　パパが教えてくれたわよ、ママが自己中心的だから、パパはもっとお金を稼ぐために残業を増やさなければならないって。ママなんて大嫌いよ！

母親：（考え＝娘はとても怒っている。おそらく元夫に、私が悪いことをしていると信じ込まされているのね。私は何も悪いことはしていないけれど、娘の気持ちや彼女が今必要としていることに焦点を当てなければならないわ）どうしたの。あなたはとても怒っているように見えるわ。私がお金について規則を破ったと思って怒っているか、あるいは傷ついているのね。もっと今の気持ちを話してくれるかしら？何が起きているか、本当に理解したいから。

娘：（邪悪な視線をむけてにらみつけて）ママがひどい手紙を書いたから、パパは裁判所に戻らなければならなくなったと言っていたわ。全部ママのせい！　ママは卑劣で欲張りよ。

母親：（考え＝娘に卑劣で欲張りと言われるのは本当につらい。誤解されていると感じるし、元夫が同じ口調で話していたことを思い出すわ。娘は横柄でつらく当たるけど、本当は彼女こそが犠牲者なのよ。引き裂かれる思いはしてほしくない。（苦悩を緩和するために私に何ができるかしら）あなたは私が欲張りで、パパを傷つけたと思っているのかしら？　私に怒っているのね。そして、そのことであなたも悲しくなったのね？　あるいは、怒っているのね？　私に愛されていないと感じているか、私が愛しているならそんなことをするはずがないと思っているのかしら？　何が起きているか理解したいの。

娘：ママ、私のこと嫌いなの？（泣き始め、母親に抱きつく）

母親：（考え＝かわいそうな子。こんな思いをしなければならないなんて。娘のために、元夫ともっとうまくやらないといけないわ）つらいわね。あなたは傷ついているのね。私がどれだけあなたのことを大好きか知ってもらわなくちゃ。私はあなたのことが大好きよ――とっても。私は養育費を盗んでいないと誓えるわ。ママとパパでこの問題を話し合うからね。

バージョン1の失敗は、子どもの本当の感情を無視して、表面的なお金の問題に反応したことでしょう。バージョン2では、母親が子どものネガティブな感情に焦点を当てました。誤解を解こうとしたのは、子どもが母親を受け入れた後です。

共同養育する親が（実際は怖れるべきものではないかもしれないのに）子どもの気持ち、とくに自分に対するネガティブな感情について話し合うことに乗り気でない理由のひとつは、そこに焦点を当てると、ますますネガティブになってしまうと思うからでしょう。子どもに「私に怒っている？」と聞いたら、より怒って、「そう、めちゃくちゃ怒っているの！」と返されやしないか、と怖れているのです。しかし、たいていは正反対です。あなたがやさしく今の気持ちを尋ねれば（たとえネガティブなものであっても）、子どもは愛されていると感じますし、そのことがネガティブな感情を緩和することにつながります。子どもの痛みや怒りから目を背けないでください。たいていは癒しにつながる道となります。何もあなたがセラピストをやる必要はありません。もっとも重要なことは、安心していいと伝え、愛情を込めて、誠実に応答することです――とくに、あなたが危険な存在で、愛情がなく、ダメなやつだという有害なメッセージを子どもが聞かされているならば。あなたはどんなに責められようと、子どもの気持ちを理解することから始めなければいけません。

子どもが友だちを失い、おもちゃを失い、その他多くの喪失を経験していることを考えてみたことはありますか。あなたはその話題（失った友だちやおもちゃのこと）を持ち出したら喪失感が増すと心配するかもしれません。しかし、まったく逆です。愛情と配慮をもって丁寧に話し合うことは、子どもが喪失と向き合う助けになるのです。「（友だち、おもちゃ）を失って悲しんでいるように見えるよ――そうじゃないかな？」と声をかけることは、子どもが自分の気持ちと向き合うことに対して、必要な理解を示し、悲嘆を乗り越える助けになります。

忠誠葛藤に囚われている子どものネガティブな感情に対処するのはとても難しいことでしょう。片親疎外になっているために、子どもはすべてに反発するからです。あなたの言うことは重要ではなく、自分には全然関係ないのだと、様々な表現で言い返し、まったく話を聞き入れません。

あなたは子どもが抱えている困難を対話で解決しようとする気が失せるでしょう。そんなときは、子どもがあなたを必要としているイメージを意識化することが助けになるかもしれません。衝突しているさなかに、子どもに手を差し伸べる勇気を奮い立たせるためにも。

目に見える行動（冷淡で、辛辣で、たちの悪い振る舞い）だけに焦点を当ててしまうと、子どもが本当に必要としているのは愛情と安心であるということがわからなくなります。バージョン2では、母親が子ども（横柄で、不機嫌に、冷淡に振る舞っている子ども）が、本当は混乱していること、苦悩の渦中にあることを思い起こしています。子どもの苦悩に注目することによって、共感する心を呼び起こし、愛情をもって応答できました。加えて、適切なタイミングで誤解を正したことが大切なポイントです。母親は有害なメッセージを放置したわけではありません。

ときに子どもは感情に圧倒され、人の気持ちは変わるということに思いが至りません――永遠に続く感情などないのです。この問題に対処する方法のひとつは、感情の影響を一定の時間のなかに収めることです。「今は、心が荒れているように見えるよ。でも、きっと明日になったら、気分もよくなるさ」「それはつらいね。でも、つらい状況は過ぎていくわ。悪い気分はずっと続かないからね」と言ってみてください。ひどい気持ちが癒えて、よりよい未来の展望を与えることができます。

最後に、やっていないことを責めてくる子どもに積極的傾聴を使う、三つのステップを示しておきます。

（1）自分と子どもの気持ちに注意を払う。
（2）子どもの苦悩を思い起こし、共感的に応答する。
（3）子どもの具体的な問題に対処する——ただし、子どもの感情に対処した後にしましょう。

子どもが落ち着きを取り戻し、機嫌を直したら、（そして、そうすることが適切であれば）非難された点について詳細を説明できるかもしれません。逆に、説明することが適切でないときは、「離婚するとき、お金、面会交流の機会、家財をどうやってパパとママで分けあうかについてすべてが合意できるわけではないんだよ。もし合意できないときは、裁判官が話し合いを助けてくれる。だから心配する必要はないよ。それは裁判官の仕事だからね。でも、私は——（——部に非難された内容をあてはめてください）をしていないから、安心していいよ」と言うとよいでしょう。

この発言の目的は、子どもが考えているようなこと、つまり元夫・元妻を傷つけることはしていないと安心させると同時に、元夫・元妻の悪口を言わずに、子どもを衝突の地点から遠ざけることです。「パパがそんなことを言ったなんて信じられない。本当に最低ね」といった発言は避けてください。子どもに負担を背負わせることなく元夫・元妻と問題について話し合えるならば、今後そうすることを子どもに約束してください。たとえば、子どもが、学芸会について元夫・元妻に連絡しなかったではないかと文句を言ったら、ちゃんと連絡したことを伝え、「今後はこのような問題が起きないようにコミュニケーションを改善するからね」と言ってください。

ところで、ここには決定的な二つの要点があります。第一に、詳細を話し合うことが役立つのは、子どもが聞く耳を持ったときだけです。子どもの感情に対処するまでは、焦って「自分の言い分を述べる」ことはしないでください。第二に、子どもに「情報過多」と感じさせないようにしてください。裁判の過程や金銭問題の詳細を暴露したり、打ち明け話をしたりすることはやめてください。一般的に、申立書や陳述書のような法的文書を子どもに見せるべきではありません。裁判で悪用されるかもしれません。

積極的傾聴に関する最後のポイントは、上記の対話例に見られたように、子どもが即座に態度を軟化させないこともあると知っておくことです。初めて積極的傾聴を試みたときに、効果がなかったように思えても、失望しないでください。積極的傾聴（そして、本書が提案する子育ての方法）は、親子のよりよい未来の地盤を作る地固めと考えるとよいかもしれません。

エクササイズ5・3　子どもが有害なメッセージの影響を受けた言動を示すとき

子どもが元夫・元妻から影響を受けていることが明らかな場合を考えてみましょう（この章の最初の二つのエクササイズを見直してみましょう）。あなたはどのように対応しましたか？　親子の絆を深め、強化するために、どうすればよりよい対応ができるのか見ていきます。複数の子どもを共同養育しているならば、それぞれの子どもについて別々にエクササイズをやってみてください。

子どもの言動	子どもの気持ち	子どもの行動に対するあなたの応答	あなたの対応の効果は？	次はどのように対応するか
例：大学の学費を盗んだと責められた	悲しさ、怒り	元夫・元妻は嘘つきだと言い返し、やっていないことを責める子どもにキレた	効果なし。反撃されて激しい言い争いになった	感情を爆発させずに、子どもの気持ちに注意を払う

忠誠葛藤を内側からひっくり返して見る

すべての片親疎外の子どもは、自分は拒絶されたという思いを抱えています。これはきわめて重要な洞察すべきポイントです。忠誠葛藤に囚われた子どもがあなたを容赦なく拒絶するとき、実際は、子どもの方も**あなたから拒絶された**と感じているのだと理解してください。だからこそ、激しい敵意や怒りを燃え立たせ、あなたにぶつけてくるのです。子どもはあなたに愛されていないという作り話を信じ込んでしまっています。有害なメッセージを伝える元夫・元妻が、誰にでもあるありふれた欠点や失敗にも激しく反発するように子どもを操作し、作り話を信じさせたのでしょう。また、嘘をついて、まったくのでたらめを信じ込ませている可能性だってあります。すでに述べたように、子どもの非難の内容には、わずかな真実が含まれている場合があります。わずかな真実は、子どもが嘘を信じることに拍車をかけます。また、子どもは本来、自己中心的であるため（人生のなかでなにか出来事が起きると、そうなった理由が自分にあると考えるため）、あなたの行動は自分に対する感情を反映していると解釈するように教え込まれています。

お金、再婚、あなたが家から出ていく場合の別居といった問題は、もう一方の親から食い物にされやすいでしょう。親の離婚を経験した子どもの多くは、忠誠葛藤がなくても、こうした問題に対処しなければいけません。元夫・元妻は、子どもをあなたに敵対させようとして、あなたの過去の行動を持ち出し、愛情のない自分勝手な人間だという印象を作り出します。こうした問題について子どもが強い感情を抱いていることを感じたら、拒否感を軽減し、疑問を晴らすために、先手を打って子どもと話し合うこともできます。以下はその例です。

再婚：「私が再婚したので、こう思っているんじゃないかしら。『結婚生活を終わらせたのはママなんだ、ママは自分より新しいパートナーを大切にしているんだ』って。パパとはもう二度と仲直りしないんだって。密かに仲直りを願っていたのにそれが叶わないのは、すべて私のせいだと思っているのね。あなたは悲しくなって、私に怒りを感じてもいる。再婚したから、自分はママに大切にされていないと思っているのね。その気持ちはよく分かるわ。でも安心してほしいの。ママとパパは二人ともあなたのことが大好きよ。私たちはいつまでもあなたのママとパパなのよ」

家から出ていくこと：「私が家から出ていくので、怒っているのかい？　君を大切にしていない、私が逃げ出そうとしている、とそんなふうに思っているのかな。そう思わせてしまったことは、とても申し訳なく思う。誰かが出ていかなければいけないから、ママとパパで話し合って、私が出ていくことに決めたんだよ。それが家族にとってベストの選択だと考えたんだ。君には、私が逃げ出そうとしているように見えるのかもしれないね。でも、それは真実ではないよ」

お金の問題：「ママとパパがどのようにお金を分けたか、気になっているのかしら。私がずるいし、欲張りに見えているのかしら。でも、ママとパパはお互いに公正を期すためにベストを尽くしたし、あなたのために必要なお金は残しているから安心していいのよ。お金について何か気になることがあったら何でも質問していいからね」

どの場合も、穏やかな口調で語りかけることが重要です。そうすれば、**あなたの**問題を子どもに押しつけることを避けられます。このとき、子どもの考えや感情の背後に元夫・元妻がいるということを指摘しない方が安全です。相手が子どもの忠誠葛藤を招いている、とも言ってはいけません。そのように攻撃するや否や、子どもはあなたの言うことを一切聞かなくなるでしょう。そして、それはあなたがコミュニケーションの扉を閉ざした結果です。

しかし唯一の例外があります。それは、「でも、パパ（ママ）が……って言ったから」と、子どもが自発的に、あなたの指摘なしに、元夫・元妻の発言によってネガティブな考えを持つようになった背景を明かしたときです。こういう場面では、「議論に巻き込んで申し訳ない。それは（お金を盗んだ、君を大切にしていない、など）事実と違うことをわかってほしい。もし、ママ（パパ）がそう言ったなら、そのときすごく怒っていて、気が動転していたに違いない。離婚すると、ときどきそういうことがあるんだよ。でも、その逆だっていうこと（君のことを大切にしていて、お金を盗んでいないこと）を知っておいてほしい。ママとパパでそのことについてよく話し合うからね」といったような応答を返してください。

子どもを守るために、自己意識を活用する

さらに、効果的な子育てのテクニックをお伝えしましょう。それは、子どもがあなたを責める内容に真実が含まれているかどうかを検討することです。もし、真実が少しでも含まれているならば、子どもに誠実に謝ってください。それは、何を言われても言われっぱなしで耐え、人としても親としても最低だという非難に同意することではありません。あなたは過ちを誠実に認める強さを示すのです。それができれば、親子関係を改善できるだけでなく、どうやって誠実に謝罪するかというモデルを子どもに見せることになります——それは価値ある人生のレッスンになるでしょう。

子どもの不満を、愛情ある合理的な態度で検討する作業は、**子どもの目線**で見た親子関係について学ぶことであり、また、親子の絆を強める機会にもなるでしょう。その作業を通して、子どもに愛情を示し、配慮を本人に伝えているのです。元夫・元妻の仕掛けた罠に陥ることなく、こういう機会を親子の絆を強めるきっかけにしてください。子どもが非難しても、広い心と冷静さを失わないでください。実際のところ、非難してくれた子どもに感謝するべきかもしれません。なぜならそれはコミュニケーションを断絶しないという姿勢の証明であり、あなたの子育てを改善する機会を与えてくれているからです。あなたは子どもからのフィードバックを歓迎していることを示さなければいけません。

また、自己意識は、子どもが癪に障ることを言って理想的な子育てを遂行できないとき、（自分を混乱させる）自動思考に陥らないためにも重要です。たとえば、元夫・元妻が怒り狂い、子どもも同じように攻撃的に振る舞い始めたとき、あなたは**子どもがモンスターになってしまった、元夫・元妻が子どもをダメにした、子どもにこんな虐待をするなんて許せない！**　と自動的に考えてしまうかもしれません。しかし、もしかしたら、そう思う理由は意外なところにあるかもしれないのです。

あなたは小さい頃、両親が兄弟をかわいがっていたために、劣等感や愛情不足を感じて育ちませんでしたか？　そのような場合、我が子が元夫・元妻になつくと、それを思い出して反射的な反応が引き出されることがあります。また、あなたは困惑し、面目を失い、「何をやってもダメだ。どれだけがんばっても、どうにもならない。子どものサッカーの試合を観に行って無視されるのはなぜだ？　母親がいるからか？」などと否定的に考えやすくなります。こうしたネガティブな思考パターンは非生産的であるばかりでなく、子どもをさらに怒らせます。もっと悪い場合は、愛情ある共感的な対応ができずに、やがて敗北感にうちひしがれて親業をあきらめざるを得なくなるかもしれません。子どもがひどい態度で振る舞うときに味わった気持ちや考えを、誰か（たとえば、信頼できる友人やメンタルヘルスの専門家）に話すことが、行動の改善に役に立ちます。現実に目覚めれば、元夫・元妻が親子関係を妨害しているのか、自分の幼少期の経験が影響を与えているのか見分けることができるようになるでしょう。

常に安全・安心と愛情を与える

子どもと会話するときは、**常に**安全・安心と愛情を与え、話にしっかり耳を傾ける親でいるための最大の努力を心がけてください。悪意ある元夫・元妻と子育てに取り組む場合、平凡な親でいるだけでは足りないのです。短時間で子どもと密度ある会話をするために、時間を有意義に使う必要があります。絆を揺るぎないものにするために、自分のすべてを、時間を、そして注意力を親子関係の構築にそそぎ、元夫・元妻が親権を侵害し、あなたを侮辱しても、子どもができるだけその影響を受けないように予防するという大仕事をやりとげなくてはなりません。あなたは自分の言動が他人からどう見えるかについて、自覚を持つ必要があります。なぜなら、子どもに直接影響を与え、また裁判で悪用される恐れがあるからです。

たとえば、あなたが元夫・元妻の中傷を言いふらすならば、子どもに安全・安心を与えることができないならば、子どもの気持ちを受け止めないならば、そのことは元夫・元妻、あるいは監護評価者にも必ず伝わります。それは親としてのイメージだけでなく、親子関係をも傷つけるでしょう。もし、生後六ヵ月の乳児をチャイルドシートなしでうっかり車に乗せたならば、子どもを危険にさらしたと責められるでしょう。もし、一〇歳の子どもに独りで留守番をさせたら、監督者として不適切だと責められるでしょう。安心と安全を確保するための用心を怠っていると思われないように、手抜きをせず、最大限かつ最善の努力を心がけなければいけません。毎朝子どもを同じ時刻に登校させ、宿題もしっかりやらせましょう。子どもの友だちの両親には元夫・元妻の悪口を言ったりせず、礼儀正しく接してください。あなたがやったことすべてが裁判で悪用されるかもしれないと想定して、どんなときも油断しないでください。あなたには自分本位のルールを押し通す余裕などないのです。うっかり気を抜いて、裁判で（あるいは元夫・元妻や子どもに）責められる材料を提供しないよう、常に安全・安心や愛情を与えることが重要です。

子ども特有のパーソナリティやニーズに調子を合わせる

父母と自然に難なく調子を合わせることのできる子どもがいます。それは、両親の愛情の示し方と、子どもの愛情の感じ方が一致しているからです。あるいは、父母の遊び方と、子どものそれが一致しているからです。似たような気質、コミュニケーションのスタイル、エネルギーのレベルを持っているといってよいでしょう。しかし、すべてがこのようにうまくいくわけではありません。親は運動好きだけど、子どもはアート好き。親は社交的で、子どもは内向的。そんな組み合わせもあります。すべての親は、とりわけ悪意ある元夫・元妻と子育てに取り組む親は、子どもが好む人間関係のあり方や愛情の感じ方に気を配らなければなりません。子どもが愛情を受け取る準備ができているときに、受け取れるような方法で、愛情を示さなければならないからです。ある子どもは、就寝前に読み聞かせをしてもらいながら、親と身体を寄せ合っているときに愛情を感じます。また、ごっこ遊びをしているときに、愛情を感じる子どももいます。取っ組み合いをしてじゃれあっているときに、愛情をもっともよく感じるという子どももいるはずです。子どもをよく知ることが重要です——とくに子どもは成長とともに変化していくので——子どもが愛されていると感じるやり方で愛情を示してください。あなた自身が経験と表現のレパートリーを増やさなければいけません。

エクササイズ5・4　子どもが愛情や親密さを経験する方法を理解する

一、二週間、日記をつけてみてください。子どもに親密感を覚えたとき、子どもがあなたに親密感を覚えていると思ったときのことを書き記してください。内容に特に意識を向けてください。何をしていましたか？　どこにいましたか？　他に誰がいましたか？　何が親密感を生み出したと思いますか？　それらを以下の表に要約して書き、全体像を理解しましょう。複数の子どもを共同養育しているならば、それぞれの子どもについて別々にエクササイズをやってみてください。

子どもが愛情を経験した状況や活動	あなたが愛情を示した状況や活動

愛情を感じる瞬間を共有しているとき、その喜びを子どもに伝えることができます――悪意ある元夫・元妻と共同養育しているならば、必ずそうするべきです。しかし、「あなたのお父さんは私を悪い母親と言っているみたいだけど、ほら、今楽しいでしょう?」などと、あからさまに押しつけがましい言い方をしてはいけません。タイミングをよく見はからって、「楽しいね」と声をかけてください。たとえば、親密に感じた瞬間に、「今、私は二人の特別な時間を楽しんでいるわ」と言ってもよいでしょう。その瞬間にきちんと愛情を伝えれば、子どもはあなたとは親密ではないという思い込み、あなたに愛されていないと思い込みに固執しなくなります。

また、あなたは親としてどの点を改善すべきか子どもに指摘してもらい、(理にかなった範囲で)改善に向けて挑戦することができます。たとえば、「私を含めて、完ぺきな親はいないのよ。だから、こうしてほしいことがあったら、気軽に教えてね。あなたのことが大好きだから、できるだけよい親になりたいの」と建設的な意見を求めることができます。これによって、懐深い、愛情のある親だということが伝わります。また、あなたがよい親になる努力をしていないという非難を前もって否定することもできます。

結び

子どもが有害なメッセージにさらされているならば、嘘を信じ込み、感情にまかせてあなたに不適切な態度を示すかもしれません。元夫・元妻に操られて子どもが横柄かつ傍若無人な態度をとっていても、心の奥底には、あなたが自分をもう愛していないのではないかという苦悩があります。非難する子どもと向き合う際、積極的傾聴を試みると、「売り言葉に買い言葉」という状況を回避でき、なおかつ衝突を、子育てを改善し親子の絆を強める機会にすることができるのです。

第6章　元夫・元妻が面会交流やコミュニケーションを妨害するとき

この章では、悪意ある元夫・元妻が、面会交流を制限したり、子どもと離れているときにあなたと子どものコミュニケーションを妨害したりする方法について学びます。また、あなたがやってしまいがちな典型的な間違いを説明します。さらに、ポジティブ・マインドフル・ペアレンティングを使って、親子の絆を強め、妨害に対処する方法を学びます。まずは面会交流の妨害について、次にコミュニケーションの妨害について学んでいきます。

面会交流の妨害

悪意ある元夫・元妻にとって、面会交流の妨害は、あなたについて有害なメッセージを送ることと連動しています。それは次のように行われます。まず、子どもに、あなたが安心感を与えてくれない親、愛情のない親、話を聞いてくれない親であるというメッセージを繰り返し送り、あなたの親としての、そして人としての価値に不信を抱かせる種をまきます。その上で、面会交流を妨害します。あなたが安心感を与えてくれる親、愛情のある親、話を聞いてくれる親だと体験から理解する機会を、実質的に子どもから奪うのです（愛していると伝えることは重要ですが、愛情を体験してもらうことの方がもっと重要です。言葉だけで愛情を確信することはできません）。共に過ごす時間が少なくなればなるほど、子どもの人生の貴重な時間を共有する機会が奪われてしまいます。

あなたは、子どもが今この瞬間に生きていることを知っているはずです。子どもはある目標を成し遂げて、興奮しながら勢いよくドアを開いて駆け寄ってきます。あるいは、失敗して落ち込んで、肩を落としながらのろのろと足を引きずって家に入ってきます。子どもが学校から帰ってくるのを待っている親は、その瞬間を共有し、共に生きる機会を手にすることができます。同時に、経験の意味を紡ぐことを助ける貴重な機会を得ることもできます。子どもの気持ちが新鮮なうちにその瞬間を共有できることは、電話で話を聞くよりも、時間が経って報告を聞くよりも、よりインパクトがあります。経験を共有することは、気持ちに寄りそって共感するだけの受身のプロセスではありません。子どもが経験を理解する機会を提供するのです。たとえば、自立心を養いたい親は、子どもの成功や失敗に対応するなかで、子どもに行動を選択させ、それに責任感を持たせることが可能です。これは一例ですが、算数のテストでよい点をとった子どもに学習習慣が勝因だったことを理解させたり、誕生日パーティーに招かれたら、その機会に友だちへの感謝を伝えることを教えたりすることができます。親は子どもが世界を把握するときに、とてつもなく大きな影響を与えるのです。また、あらゆる経験は異なる視点から見ることができます。たとえば、テストで合格点をとった場合、先生が忍耐強く教えてくれたおかげだと説明することもできますし、勤勉に勉強した結果だと意味づけることもできます。子どもと多くの時間を過ごす親は、当然のことながら、子どもの考え方、価値観、人間関係が形成される場面において大きな影響を与えます。悪意ある元夫・元妻が子どもと過ごす時間を奪うとき、子どもがあなたと親子関係を築く機会や、あなたという親を理解する機会はもちろんのこと、あなたが子どもの品性やパーソナリティを形成する親業の機会をも否定しているのです。

面会交流の妨害の影響は、他にもあります。面会交流が少なくなればなるほど、子どもにとってはあなたと一緒にいる時間が日常ではなくなっていきます。子どもは面会交流が「現実の生活」を侵害する面倒な機会でしかないと思うようになり、あなたと過ごす時間を次第に減らしていくでしょう。元夫・元妻が子どもの心からあなたを追い払おうとしたら、**子どもに**あなたと過ごす時間は面倒くさいと思わせるのが一番有効なのです。そうすれば、次第に子ども自身が面会交流を拒否するようになります。日常を送る上で邪魔だと思ったり、生活の継続性が失われてしまうと感じると、面会交流に行きたがらなくなるでしょう。自分には**ひとつ**の家、**ひとつ**の現実の生活があり、あなたと過ごす時間はその外側にあると感じるようになるのです。元夫・元妻が嫌悪感を刷り込むことに成功すればするほど、あなたと子どもを引き離すために立ち回る必要がなくなっていきます。そして、「あなたとよい関係になってほしいけれど、子どもの考えは変えられない」などと、したり顔で主張するようになります。あなたは、子どもが自分から面会交流を拒絶するなどということが、（とりわけ自分の子どもに限っては）起きるはずはないと思っているかもしれません。子どもがあなたは親として無価値だと思っていて、その考えを変えさせることが難しいときに面会交流を強制することは、さらなる至難の業です。

面会交流の妨害は、親が忠誠葛藤を引き起こすときの言動（あなたについて有害なメッセージを伝える、消去と置き換え、子どもに信頼を裏切れとけしかける、親権を侵害する）と同じように、様々な形をとります。たとえば、元夫・元妻は土曜日の朝に約束より一五分早く、子どもを迎えに来るかもしれません。面会交流の代替日を勝手な理由で忘れるかもしれません。養育計画を修正させるために（面会交流を大幅に増やすために）、繰り返し裁判を申し立てるかもしれません。共同養育する親のなかには、裁判所に申し立てることさえせず、子どもに追加の面会交流を頼み込む人もいます。裁判所が、審判に従わなくても何も咎めないと見るや、小さな約束事を無視する場合がありますーーたとえば、面会交流の日程を守らないというように。ある調査によると、元夫・元妻が子どもを自分に敵対させていると思っている人の九〇パーセントは、相手が審判に従っておらず、それに対して相応の罰を受けていないと答えています（ベイカー、2010）。多くの親が、自分から「〔子どもと過ごすはずだった〕時間を奪った」くせに、裁判所は対応が甘いと不満を述べているのです。たとえば、元夫・元妻があなたの面会交流を実施させずに多くの時間を奪って、もう一方の親が養育計画通りの実施を申し立てた場合、たいていは元夫・元妻が養育計画を「現状」にあわせて修正すべきだと反訴を申し立てます。すると、裁判所は、たとえ妨害によって生まれた「現状」であっても、多くの場合、養育計画を修正してしまうのです。

忠誠葛藤の場合と同じように、面会交流が妨害されると、子どもの態度と行動、感情と思考は、元夫・元妻のそれと一体になってしまう場合があります。次第に、子どもは自ら進んでスケジュールの変更を希望するようになります。ときにそれはまったく意味がなかったり、約束や合意を破るものであったり、明らかに不公平だったりします。面会交流の後、子どもは早めに元夫・元妻が自分を迎えに来るのを当然のように知っていて、まるで本来それが約束の時間であるかのように振る舞います。子どもは、元夫・元妻が不当にもあなたの面会交流の時間を奪い取っていることがわからないのです。

コミュニケーションの妨害

残念なことに、元夫・元妻が子どもにあなたを敵視させようとしているとき、相手はあなたと子どものコミュニケーションを尊重することはありません。まったく正反対です。あなたが子どもに電話をかけても必ず居留守を使うでしょう。そもそも子どもの携帯電話の番号を教えることも滅多にありません。送信したメールはブロックされ、あるいはメールしても返信がないでしょう。そして、面会交流がまったく行われないまま、日々だけがむなしく過ぎていくのです。その間にも子どもは様々な経験（よいことと悪いことの両方）を積み重ねていますが、あなたはそれを知ることすらありません。せいぜいよくて、事後的に聞かされるだけです。

重要なことは、元夫・元妻とあなたが対等ではないということです。悪意ある元夫・元妻は、子どもとコミュニケーションを取ろうとするあなたのあらゆる努力を妨害するにもかかわらず、面会交流の最中にあなたに頻繁に連絡してくるでしょう。子どもがあなたと一緒にいるときに、子どもと元夫・元妻はしっかりと連絡を取り合うのです。実際、忠誠葛藤を引き起こす親は、最新のテクノロジーを利用し、子どもに常時連絡を入れて監視します。その監視は、あなたと子どもが接触する機会をふるいにかけ、二人を隔てるスクリーンとして機能します。たとえば、車のなかで二人でいるにもかかわらず、子どもは**あなた**と話をするのではなく、元夫・元妻とメールでやりとりしているかもしれません。友だちにも頻繁にメールを送るかもしれませんが、とくに元夫・元妻があなたを中傷しているとき、元夫・元妻からのメールはあなたとの時間に侵入する働きがあります。厄介なことに、メールをやめなさいと言っても、元夫・元妻が批判するでしょう。スマートフォンやインターネットは、「リアルタイム」であなたと子どもの関係に侵入する手段となるのです。メールやSNSによって、まさに同じ部屋にいるかのようにあなたの子育てにケチをつけ、昼ごはんの内容にケチをつけ、子どもの怒りや反発を煽り、あなたの欠点に焦点を当てるでしょう。

演劇の世界で「グリーク・コーラス」と言えば、舞台上で筋書きを説明する黒子集団を指します。元夫・元妻は子どもの耳元で親子関係についてささやく、ある種のグリーク・コーラスのようです。一挙手一投足を非難のネタにされ、子どもが元夫・元妻のたちの悪い影響から決して逃れられないと感じて、あなたは領域侵犯されているという思いにとらわれるかもしれません。

あなたの家族で問題が起きているか？

元夫・元妻が子どもとの面会交流やコミュニケーションを妨害していると判断する前に、面会交流の内容やスケジュール変更（突発的な変更と、事前の話し合いによる変更の両方）について、少なくとも一ヵ月間、詳細を日記として記録してください。次のエクササイズは、この目的のために考案されました。同じような形式でノートや日記を書き残してください。元夫・元妻がスケジュールの変更を申し出たら、メールで返信してください。そうすれば記録が残ります。同じように、あなたが変更を申し出るときも、記録を残してください。メールは、丁寧に、礼儀正しく、簡潔に書いてください。その記録を、元夫・元妻に対する態度や行動の証拠として、裁判で相手が悪用するかもしれないことを忘れないように。

ある離婚家族では、養育計画はほとんど変更されませんでした。たとえば、一方の親の親戚が週末に訪問することになっても、面会交流の日ではないからといって元夫・元妻が予定を変更して、子どもを先方に送り届けることはありませんでした。同じように、子どもを特別なイベントに連れて行きたくても、それがもう一方の親と過ごす週末に当たっていたため、融通を利かせてはくれませんでした。それに対して、他のケースでは、変更や日程交換の申し出はよくあることでした。どちらがよい悪いということは一概には言えません。どちらのアプローチも子どもの「最善の利益」を大切にしていると主張するかもしれません。しかしながら、親が忠誠葛藤を引き起こそうとしているならば、計画変更の要求の背景に意図があることは明らかでしょう。つまり、悪意ある元夫・元妻が相手ならば、合意など無視して、自分の養育時間を増やすために変更を要求してくるでしょう。そもそも、あなたの許容範囲を超えて面会交流や連絡の回数に変更を要求されるのは、ストレスフルなことです。日記では、どちらが変更を申し立てたか、どのような変更が申し立てられたか、客観的に公平な要求だったか、その結果どうなったかを書き残してください。

コミュニケーション妨害の証拠を記録する行為には、あなたが子どもに連絡を試みたときに連絡がついたかどうかを書き残すことも含まれます。同じように、子どもがあなたと一緒にいるときに、元夫・元妻と子どもが（こっそり）コミュニケーションを取った回数も書き残してください。記録を取っていることに気づかれないことが重要です。敵対的な行為と解釈されかねません。子どもに「なんで僕がママ（パパ）と連絡したときに記録を取るんだよ」と反発される可能性もあるでしょう。

面会交流とコミュニケーションの記録をとる目的は、妥当性のある事実を積み上げることです。面会交流とコミュニケーションのパターンについて、明快かつ客観的な全体像を把握できたら、自分の家族にどんな問題があるかわかるでしょう。

エクササイズ6・1　面会交流のマンスリー・ダイアリーをつける

	第1週	第2週	第3週	第4週
予定された日数と宿泊の回数				
実際に面会交流が実施された日数／宿泊の回数				
面会交流ができなかった特別な日／夜				
面会交流が流れた理由（交換、キャンセル、子どもの拒絶、など）				
コミュニケーションに関するコメント／記録				

よくある有害無益な応答

元夫・元妻があなたと子どもの面会交流やコミュニケーションを妨害しているとき、以下の三つの対応は避けてください。

- 面会交流の実施をあきらめる（抑うつ感や敗北感に屈する）。
- 面会交流の多くの時間を無駄にする（誤解を解こうとする、抑うつや怒りに屈する）。
- 子どものスマートフォンを没収する（怒りをぶつける）。

面会交流を頻繁に妨害されていると、勝手な要求をする元夫・元妻の犠牲になった、もしくは策略に屈したと感じます。そうした状況が続くと、次第に面会交流をあきらめてしまう親もいます。極端な例を挙げましょう。ある父親は隔週末に面会交流することになっていましたが、元夫・元妻の家に毎週やってきました。子どもたちが面会交流を望むかもしれないと思っていたのです。彼らの声を聞きたい、じかに触れて体温を感じたい、会えないときにどんなことがあったか本人に聞きたいと願っていました。日曜日になると、父親は玄関までやってきて、勢いよくドアをノックします。彼は、人が動く気配や音を敏感に察知して、誰か家にいるかどうかを確認するのでした。元妻の車は私道にとめてあるのに、呼びかけても誰も返事をしません。あるとき、子どもたちがドアを開け、父親を冷たくにらみつけ、『一緒に行きたくない、早く帰って、二度と戻ってこないで』と言い放ちました。またあるときは、元妻がドアの向こうから、子どもたちを玄関口に連れてくることはできないと言います。「私に何ができるっていうの？」と彼女は問いかけました。「怒鳴って、蹴り飛ばして、車まで連れて行けばいいっていうの？　子どもたちがあなたと一緒にいたくないっていうのは、あなたのせいよ。私の問題ではないわ。子どもと親しくなれないからといって、私を責めないで」。がっかりした彼は自分の車に戻りながら、「どうしたらいいいんだ？　なぜ俺はこんなことを続けているんだ？　このままでは絶対に状況は変化しないぞ」と考えました。

ドアを閉められ、面会交流をあからさまに拒否されたことがあるなら、どうしたらいいのだろうと自問した経験があるでしょう。しかし、こういう場面でも、あなたは拒絶のシグナルではなく、親子の絆を守るという目標に焦点を当てるべきです。子どもが聞かされている有害なメッセージのポイントは、あなたが本当は子どもを愛していない、適切に愛せていないということです。それゆえ、この状況から身を引くことは、子どもの心に刷り込まれたメッセージを裏付ける結果になってしまうのです。「ほらね」と元夫・元妻は子どもに言うでしょう。「パパ（ママ）は、あなたを大切にしていないと言ったでしょ。もし大切にしているなら、今日は来るはず」。同じように、電話やメールをしなくなると、子どもは「パパの言う通りだ。ママは電話してくれない。

きっとママは僕のことなんか考えてないんだ。パパと一緒にいるから、僕のことなんかもうどうでもいいんだ」と考えるかもしれません。すでに述べたように、子どもは自己中心的な物の見方をするため、「ママは僕を大切にしていない」と結論づけるでしょう。本章ではのちほど、屈辱感や敗北感があっても前に進んでいく道を見いだすことについて、考えていきます。

さて、避けるべき反応として二つ目にあげたいのは、面会交流の最中に、憂うつになったり、感情を感じ取れなくなったりして、過剰に落胆し、意気消沈し、自信の喪失を感じることです。悪意ある元夫・元妻との共同養育で多くの人が経験していることですが、子どもは面会交流が始まったとたん驚くようなこと、気が滅入ることについて報告することがあります。たとえば、

・「ママ（パパ）に精神科に連れて行ってもらう。そしたら、もう面会交流したくないって言えるんだ」

・「ママ（パパ）が来週ずっと旅行に連れて行ってくれるのよ！」（来週はあなたとの面会交流があり、簡単に変更できない予定を立てていたにもかかわらず、このように言われた）

・「ママ（パパ）に弁護士のところに連れて行ってもらうわ。これからはママ（パパ）と生活したいって言うのよ」

こうした発言がとてもショックなのは、事前に相談されるべきことにもかかわらず、すべて決

まったあとに宣言されるからです。まるで頬を引っぱたかれたように感じるのではないでしょうか。あなたは衝撃を受け、頭のなかでその意味を慌てて組み立てようとするでしょう。とくにあなたの面会交流と親子関係に影響することなので当然です。あなたは自分の悲嘆や怖れの感情に対処するために、弁護士に事実確認をしたり、友人に話しを聞いてもらいたいと切実に感じるかもしれません。しかし、確かなのは、自分の気持ちに打ちのめされたり、子どもの目の前で我を失ってしまうことは、よくないということです。法的な緊急性がない限り、たとえば金曜日の午後に新しい情報を知ったとしても、その日のうちに弁護士と接触する必要はありません——少なくとも面会交流の最中は悪いニュースを頭の片隅に追いやってください。

これほど劇的な状況でない場合も、子どもの発言に当惑し、落胆してしまうことがあるでしょう。あなたを中傷するようなことをぶっきらぼうに言われたからかもしれません。あるいは、大好きだったことに興味を失っていたり、以前と服装が大きく変化していたからかもしれません。いずれも、子どもが目の前にいるという事実を見失いそうになる状況と言えますが、あなたは今ここにいる子どもとつながる機会を逃さないよう、全力を尽くさなければなりません。注意力が散漫になると、子どもは自分を大切にしてくれない、自分のニーズに配慮してくれないと判断するかもしれないのです。また、悪いニュースやあってほしくない展開に対して、あなたが怒り、不満、怖れを直接子どもにぶつけてしまうことがあるかもしれません。「来週はパパと一緒にいるって、どういうこと？——お芝居のチケットを買ったことを忘れたの？」「いったいおまえは何様のつもりだ？　俺はこの計画のために必死で働いたのに」という風に。子どもはただの代弁者であることを忘れないでください。ネガティブな対応は子どもをさらなる衝突に巻き込むだけです。子どもに元夫・元妻のシナリオを忠実に守らせ、相手とさらに強く結束させることにつながるでしょう。子どもとの時間は、衝突、不一致、辛辣なやりとりで台無しになってしまい、元夫・元妻が送る有害なメッセージは正しかったと思わせてしまうのです。ですから、子どもが持ち込んできた問題（あなたが重大局面のように感じるその問題）に心を奪われ過ぎては絶対にいけません――今まさに目の前に子どもがいて、親子の絆を深め、それを強めるための貴重な機会を子どもが提供してくれている事実を見失わないでください。

やるべきではないことの最後の項目は、子どものスマートフォンを没収することです。スマートフォンをめぐる出来事が、共同養育する親にとって衝突の原因となるのはよくあることで、実際、子どもを一方の親に縛り付ける足かせとなります。まるで元夫・元妻がずっと同じ部屋にいて、衝突を扇動して不一致をあげつらうために、子どもの耳元でささやいているように思えるかもしれません。子どもと二人きりの時間を持てない、侵入やそれによる影響から自由になれないと感じるかもしれません。しかしながら、あなたが子どものスマートフォンを没収すると、それも「四つのR」に基づいた論理的帰結としてではなく、衝動的に没収してしまうと、子どもとの間に大変な衝突を招く場合があります。そうなってしまえば、子どもはあなたには価値がなく、元夫・元妻だけが重要な存在であるという信念を変えようとはしなくなります。

推奨する応答方法

この節では、第3章と第4章で提示した子育ての方法を活用し、面会交流やコミュニケーションの妨害に対してどのように対応すべきかを説明します。

「今ここ」に集中する：非指示的でマインドフルな注目

親には誰でも苦手なことがあります。子どもを大切に思っていても、子育てには困難が、あるいは退屈な側面があります。たとえば、ごっこ遊びを楽しめず、空想のお茶会につきあうことが退屈でしょうがない親もいます。スポーツを楽しめなくて、キャッチボールをしたり、レスリングの試合を見ることを面白くないと思う親もいます。結婚しているときは、自分が楽しめないことは元夫・元妻にやってもらい、相手が楽しめないことは自分がやっていたのではないでしょうか。しかし、今のあなたは、ほんのちょっとずつすべてを一人でやらなければいけません。ひとり親には、ぬいぐるみ遊びやボードゲームを断るという贅沢な選択肢はありません。すべてをやらなければならないのです。苦手なことをしているときに、自分は集中していないなと気づくかもしれません。同じように、子どもがあなたを動揺させる報告をしたときに（子どもが元夫・元妻の新しい恋人にすでに会っていて、その人物を大好きだったとき、元夫・元妻が新しい仕事に就いて養育費が心配になったとき、元夫・元妻が子どものために子犬を飼ったので、これまで以上にそばを離れなくなるのではないかと心配になったとき、などに）、そわそわしている自分に気づくかもしれません。

何と言っても、悪意ある元夫・元妻との子育てに取り組むあなたの仕事は、自分の心配はいったん脇に置いて、たとえとても退屈な遊びであっても、全面的にそれに関わる方法を見いだし、子どもと「一緒にいる」ことです。その秘訣は、以下のマインドフル・ペアレンティングのテクニックを実践することにあります。子どもといるときには、「今ここ」に集中し、気持ちもその場に「おく」ようにしてください。

あらゆる瞬間を大切にする

自分自身と子どもに意識を集中すると、とても退屈な活動であっても関わる術を見いだすことができ、楽しむことができます。先入観、心配、後悔を手放し、シンプルに「今ここ」に集中すれば、思いがけない喜びを発見するでしょう。子どもと遊んでいるときに気が散っていると気づいたら、目の前のことにゆっくりと意識を戻してください。遊びの細かい部分に注意を払うと、驚きや楽しい発見が確実にあるはずです。深呼吸して、十分に心と身体をリラックスさせ、集中力と喜びを高めましょう。瞑想のように、マインドフルに呼吸することが〔第4章参照〕、「今ここ」の瞬間に自分をつなぎとめる助けになります。心配、怖れ、退屈は通り過ぎていくことを忘れないでください——気持ちは変化するのです。

エクササイズ6・2　マインドフルネスの実践

マインドフルネスの実践を二週間続けてみましょう。自分がやってみた実践を以下の表に書き記してください。どれぐらい役に立ったか、その度合いを0〜10で示してください。

マインドフルネスのテクニック	自分にとってどれぐらい役に立ったか？（0〜10）
深呼吸する	
身体の力を抜く	
自分と子どもに意識を集中する	
気持ちの変化を見守る	

感謝の気持ちを持つ

毎日、感謝を感じた出来事を振り返ってください。心底つらいときでさえも、感謝の気持ちのなかに慰めを見いだすことができるでしょう。

悪意ある元夫・元妻がいて、子どもが無礼な振る舞いをしているときに、感謝の気持ちを感じることは難しいかもしれません。それでも、子どもと過ごす時間には、心から感謝したいと思えるのではないでしょうか。

エクササイズ6・3　感謝の気持ちを持つ

感謝の実践を二週間続けてみましょう。以下の表に、自分にとってどれぐらい役に立ったか、0〜10で示してください。子育てにおいて、何が特に役に立つかを自身で理解する助けになります。複数の子どもを共同養育しているならば、それぞれの子どもについて別々にエクササイズをやってみてください。

感謝の実践	自分にとってどれぐらい役に立ったか?（0〜10）
食事時や就寝時に、感謝した出来事を子どもに尋ねる	

子どもに親密感を抱いた瞬間に気づき、その瞬間に感謝する	
感謝の気持ちを持った別の生活場面に気づく	

困難な場面をチャンスと捉える

困難に打ち負かされて気力を失うのではなく、困難に見えることのなかにチャンスが隠れている可能性に目を開いてください。

今度困ったことが起きたら、以下のエクササイズを参考にして、困難から学び、それと共に成長してください。

この経験から何を学べるか、どのように学べるかを自問し、何をすべきか、自分の価値観や夢を今どのように生きることができるかを考えてください。

エクササイズ6・4　困難から学ぶ

困難な状況	何を学べるか	どのようなチャンスがあるか
例：子どもが私よりも継母の方が好きと言った。私は落ち込み、その晩、面会交流に集中できなかった	娘を失う怖れに自分がのみこまれたこと。それによって面会交流に集中できなかったこと	感情にのみこまれ、心ここにあらずという状況でも、子どもにしっかり耳を傾け、子どもを愛する機会にすることができる。動揺し、不安になっても、マインドフルネスのテクニックを試してみる

前向きな自己対話

自己対話は、認識や感情に影響します。すべてが悪い方向に進み、何一つよくならないと言っていると、そのうちうまく対処できなくなって、解決を見いだすことが実際に難しくなります。思考があなたを麻痺させ、打ち負かすのです。ですから、ネガティブな自己対話は避けましょう。たとえば、

・「もうやってられない！」
・「私には無理だ」
・「何をやっても無駄ね」

こうした発言が、感情や行動を規定してしまうのです。悪い出来事が起きたとき、頭を駆け巡る思考に注意を払ってください。自分が自分に対して何を言っているかに耳を傾けてください。ネガティブな発言だと気づいたら、それを手放して、自分には勇気、強さ、困難に立ち向かうことを支える力（リソース）があるということを思い起こしてください。ポジティブな自己対話を心がけるのです。あなたの勇気と強さを確認するために、以下のエクササイズをやってみてください。

エクササイズ6・5　あなたの内面と周囲にある力（リソース）を見定める

以下の空白部分、あるいは日記やノートに回答を書き記してください。

できないと思っていたことをやり遂げたときのことを書き出してください。

あなたはどのような力（リソース）を持っていますか（知性、勇気など）？

どんな友人がもっとも支えてくれましたか？

あなたの周囲にはどのような力（リソース）がありますか（友人、メンタルヘルスの専門家、本など）？

自分自身に気づく

自分がどのように感じているか、意識的に行動しているか、単純に感情にまかせて反射的に反応しているかを確認し、心の状態、感情、思考に対する気づきを養ってください。一日に何回か、自分が何を感じているか、どのように行動しているかを確かめましょう。自分自身に優しく接しながら、子育ての目標を目指しつつ、自分の限界も受け入れてください。

◆ヒント：自分に気づく実践

「今、自分はどのように行動しているか？」と自問してください。

「行動する前に落ちつく必要はないだろうか？　自分はまだ時間を必要としているのではないか？」と自問してください。

自分自身が物事の流れのなかにいることを忘れないでください。完ぺきを期待しないでください。

鼓舞してくれる詩や、自己受容についての格言を見つけ、目に入る場所に貼ってください。

毎日、自己受容する時間を見つけてください。たとえば、一日の始めに、自分はよい人間で、多くの人に愛されていることを思い起こしてください。あるいは、就寝前に、その日、自信が持てた出来事を思い出してください。

我が子ならではのパーソナリティと品性を尊重する

子どもに注目してください。成長していく人間としての子どもを尊重し、子どもを知ろうと試みてください。我が子ならではのパーソナリティや品性を理解し、「ありのまま」のおまえを愛している、と伝えてください。

エクササイズ6・6　子どもを尊重する

以下の空白部分、あるいは日記やノートに回答を書き記してください。複数の子どもを共同養育しているならば、それぞれの子どもについて別々にエクササイズをやってみてください。

子どもが最近あなたを驚かせたことは何ですか?

我が子ならではの才能や強みは何ですか？

いつ、どのように、子どもに自分の思いを伝えますか？

このガイドラインに従えば、あなたと子どもは親密感を覚え、有害なメッセージの影響が弱まり、面会交流の妨害を乗りこえることができます。加えて、第3章で述べたように、共有している心地よい時間に子どもの注意を向けることが（必ず必要というわけではありませんが）効果的です。たとえば、面会交流の最後に、今回の面会交流で一番楽しかったことを振り返るのはどうでしょうか。自分にとって意味があった瞬間を伝え、子どもにも楽しかったことを尋ねてください。楽しかったことを意識的に振り返ってもらうと、元夫・元妻が過去を書き換えたり、よい記憶を消去したりすることは難しくなります（第7章参照）。今日は楽しかったと感謝の気持ちを伝えると同時に、面会交流のなかで嫌だったことや、一緒にいる時間をもっとよくするために何ができるかを尋ねるのもいいでしょう。これによって子どもに共感（マインドフルネスの秘訣）を示すことができます。

快い瞬間にネガティブな思考や感情について尋ねることを懸念する親もいるかもしれませんが、まさにそのようなときこそ、困難について話し合う最良のとき。子どもがよい気分のときは、受容する準備ができているときだからです。

離れているときも子どもとつながろうとする

離婚後、あなたは子どもと離れて過ごすことが多くなったかもしれません。子どものそばにいる悪意ある元夫・元妻は、二人がつながろうとするのを妨害しようとするでしょう。従来のコミュニケーション手段だけに頼らずに、何とかして子どもとの緊密なつながりを維持することが大切です（子どもと離れているときに、電話やメールもし続けるべきです。子育てに興味がない、連絡もしてこないという非難を回避するために）。たとえば、以下のアイディアが方法を模索し、創造力を発揮する上で助けとなるかもしれません。

こんなのはどうでしょう。箱入りの一口サイズのチョコレートを用意します。そして、子どもにチョコレートをひとつあげて、「これから、会えるときには毎回、カバンのなかにいくつかチョコレートを入れておくわね。それを見つけたら、私がキスしていると思ってね。離れていても、いつもあなたのことを考えているわ。そのことを知っておいてほしいの」と言います。そして、同じチョコレートを、ある晩は枕元に置き、別の日はジャケットのポケットに入れておくのです。そうすると、子どもはチョコレートとあなたの愛情を結び付けて考えるようになるでしょう。子どもが元夫・元妻の家に行くとき、カバンやスーツケースのなかにいくつかのチョコレートを忍ばせておきます。子どもがそれを見つけたとき、あなたが自分のことを考えてくれている、自分は愛されていると思うのではないでしょうか。また、かわいいイラストや愛情をこめたメッセージが書かれた小さなカードを、バックパック、ズボンのポケット、ノートなどに忍ばせておくこともできます。

二つ目のアイディアは、子どもに次のように言うことです。「夜空の月（あるいは太陽や星）を見上げたことはあるかな？　月を見上げると、いつも静かに輝いているだろう？　同じ月が私の上に輝いていることを思い出してほしいんだ。月を見上げるたびに、私が愛していること、いつもおまえのことを考えていること、また会えるのを楽しみにしていることを思い出してほしい」。こうして、元夫・元妻に妨害されることなく、子どもと「コミュニケーション」することができます。

離れているときにもつながる方法はまだあります。面会交流のときに、次の面会交流で何をするか一緒に計画を練ることです。そうすれば、子どもは、妨害されても、次に会うのを楽しみにするようになります。たとえば、クッキーを焼く、映画を観る、文房具を買いに行くといった何気ない計画でも、子どもはとても楽しみにし、離れているときにあなたのことを考えるので、つながりが生まれます。小さな子どもには、カレンダーを貼って、次回の面会交流を一緒に目で確認することが効果的です。付箋やシールを使ってカレンダーに装飾を施し、面会交流の思い出を記念に残すとよいでしょう。子どもが楽しみにすればするほど、元夫・元妻が面会交流を拒否させることは難しくなります。子どもに何か高価な物を買ってあげる必要はありません。二人の特別な時間をどのように過ごすか、一緒に計画を練るだけでよいのです。こうした具体的な方法で親子の絆を強めると、子どもがネガティブな影響を受けたり、あなたの愛情に不信感を抱いたりすることはなくなります。

離れているときにもつながりを見いだし、コミュニケーションを維持しようとする努力は、あらゆる親子関係において意味があるでしょう。元夫・元妻が子どもにあなたを敵視させようと試みているならば、こうした努力は不可欠です。

忍耐強く長期的な展望を持つ

元夫・元妻による面会交流やコミュニケーションの妨害、子どもが示す敵意と拒絶に打ちのめされ、関係を断念する親がいます。子どもと離れているときに連絡を取らず、面会交流に行かなくなるのです。

ひどい状況ゆえあきらめたくなる気持ちも理解できますが、これによって多くの問題が生じてしまいます。なかでももっとも大きな問題は、（すでに述べたように）あなたが子どもを愛していないという有害なメッセージの内容を、子どもに確信させてしまうことです。

この状況に対して次のような見方をしてみましょう。以下の発想が、道を切り開くかもしれません。あなたは子どもをとても愛しており、ずっと一緒にいたくて、元夫・元妻の家の扉をノックするものの、返事がなくて、落胆して戻ってくる、そんなことを繰り返しているかもしれません。あなたは愛情を与える機会を奪われています。少なくともあなたには、そう見えるでしょう。玄関をノックしても、会えなければ意味はないからです。しかし、子どもの視点で見れば、あなたが会いに来てくれることは、まだ自分が愛されている証拠、あなたが親子関係を大切にしている証拠なのです。扉をノックすることは（あなたにとっては愛情を示すことに比べれば大して意味のある行為ではないかもしれませんが）、子どもにとっては大きな意味を持つのです。何もないのと何かがあるのでは、決定的に違います。子どもの視点から考え直すと、その意義、重要性、それが持つ力を理解できるのではないでしょうか。

また、こんなふうに考えることがあなたを奮い立たせてくれるかもしれません。（元夫・元妻が手紙や電話を遮り、居留守を使う場合であっても）、あなたがコンタクトするのをやめれば、いつか子どもに「なぜ手紙、電話、訪問をやめたのか」と問い詰められる日が来る、そう考えるのです。「元夫・元妻が妨害したんだ」と痛烈な非難を延々と返しても、あなたが関係を断った事実に変わりはないため、子どもにはただの言い訳にしか聞こえません。心からの配慮や子どもへの想いにつき動され行動していれば、親子関係を維持する努力が子どもにも伝わり「パパ（ママ）に愛されていない」という誤った認識をくつがえすチャンスが訪れるかもしれないのです。ある子どもは、疎遠になっていた親が書いた手紙を偶然発見し（隠されていたのです）、自分が好きな方の親が連絡を妨害していたと知りました。また別の子どもは、玄関をノックする音を聞き、二階の窓からこっそりやって来た親の姿を認めて、自分が見捨てられていないことを確認していました。子どもと再び会えるようになるためには、小さな努力の積み重ねが必要です。あきらめずに、英雄のような勇気をもって、子どもに手を差し伸べ続けるのが、愛情のある親と言えます。片親疎外の時期を経て、親との関係を修復した例は、親が忍耐強く愛情を伝え続けることの重要性を物語っています（ベイカー、2007）。

子どもと一切の交流が断たれている場合、（手段があれば）毎日メッセージを送ることを考えてみてください。明るく簡潔なメッセージで、子どもを愛していること、いつでも一緒に過ごす時間を作ることを、繰り返し伝えてください。

◆ヒント：引き離された子どもとコミュニケーションを取る

元夫・元妻を中傷したり、責めたりしないでください。「あなたのママ（パパ）は、私をあなたと会わせようとしないので、この手紙を書いています」といったことは書かないでください。もし子どもとの関係を修復できたら、真実を明らかにできる日がくるかもしれません。しかし、それまで子どもはそのような言葉に耳を傾けないでしょう。

子どもの罪悪感を刺激したり、子どもを操ろうとしたりしてはいけません。「自分のことしか考えないと、おまえは……ということを思い知ることになるぞ」といった発言は避けましょう。

自己憐憫を示してはいけません。面会交流とコミュニケーションができないことを嘆かないようにしましょう。たとえば、「あなたに会えなくて寂しいし、心が痛いの」などとは言わないこと。

子どもが自分の視点で考え表現することを促してください。そうすれば、子どもの心の痛みや怒りをよりよく理解できるでしょう。

スマートフォンの問題

悪意ある元夫・元妻と共同養育するとき、子どものスマートフォンは大きな問題となります。それゆえ、この件について繰り返し言及したいと思います。私たちは、貴重な面会交流に邪魔が入っても、スマートフォンの没収は避けた方がよいと考えます。第2章では、スマートフォンの没収が「揚げ足取り」の理由になって裏目に出る例を見ました。没収しても、多くの場合、元夫・元妻は新しいものを買い与え、新しい電話番号を一方の親に教えることを拒否するのです。そうなると、状況は悪化してしまいます。第4章で説明した「家族会議」あるいは「一緒に問題解決を目指す」アプローチを利用して、スマートフォンの使用について誰もが同意できる常識的なルールや、ルールを破ったときにどうするかについて子どもと話し合うことが、より論理的なアプローチと言えます。たとえば、スマートフォンは、夜は寝室には持ち込まないこと、食事や勉強の時間には使わないこと、ルールを破ったら一定の時間、使用禁止すること、などを子どもと取り決めてください。

子どもを巻き込まない

面会交流にやってきた子どもが、いきなり衝撃的なことを報告した場面を想像してください。「パパが引っ越しするって。私はパパと一緒に行くわ」「ママが、僕をママが住んでいる街の学校に転校させるって。僕はその学校が大好きなんだ！」。このようなとき、冷静さを保ち、子どもの気持ちに集中することに加えて、親どうしの衝突に巻き込まないという基本に立ち返る必要があります。あなたは事の次第についてもっと聞きたくなるかもしれません。「パパはどこに引っ越すの？　どうしてそのことを最初に私に言わないのかしら」「どういうことだ？　お前はそこに引っ越すのかい？　いったいその学校のどこがいいんだ」というように。子どもを議論に巻き込むことになります。詳細を知りたい、明確に説明させたいという気持ちが沸き起こるかもしれませんが、適切な対応はひとつ、「その問題については親同士で話し合うよ」と穏やかに指摘することです。

◆ヒント：子どもを渦中に巻き込まない

元夫・元妻の家で起きたことについて子どもに質問したくなったときの、適切な発言例を以下に列挙します。

・「それについてはママとパパで話し合うからね」
・「それについてはあとでママに確認してみるよ。でも、今は……しよう」
・「わかったわ。あとでパパに電話して、どういうことか聞いてみるわ」
・「こういう情報について伝言することはあなたの仕事ではないのよ。パパが私に言いたいことがあるなら、直接私に伝えればいいから、そう頼んでおくね」

・「それは興味深い。ママからそのことについてもっと聞いてみるよ。でも、今は……しよう」

リラックスした口調を意識して、怒りや非難をぶつけないようにしてください。呼吸を意識して、問題に対処できる勇気と内なる力（リソース）を自分は持っていると言い聞かせてください。そして、もっとも重要なこと、その瞬間に子どもに愛情を向け、注目を払うことを忘れないでください。

結び

子どもと離れているときに、元夫・元妻によって面会交流やコミュニケーションを妨害されると、子どもは、**あなた**の方が交流を望まないから、電話や手紙で連絡をしてこないんだ、と思い、そう信じてしまう場合があります。そして、子どもはあなたなしの生活に徐々に慣れていきます。そうならないよう、あなたはマインドフルネスのテクニックを使って、子どもの気持ちに深く注意を払い、一緒にいる時間を豊かなものにしなければいけません。また、離れているときにもつながりを維持し、愛情を伝えるために、知恵を絞って独創的な方法を編み出さなければいけません。一切の交流を断たれている場合は、どんなことがあっても子どもはあなたに愛されていることを知る必要があると考えて、自分の内なる強さを奮い立たせましょう。悪意ある元夫・元妻の妨害をくぐり抜けて、子どもに手を差し伸べるために、最善を尽くしてください。

第7章 元夫・元妻があなたの存在を消去したり、置き換えたりしようとするとき

この章では、悪意ある元夫・元妻があなたを子どもの心から消去しようとすること、そして代わりの人物に親を置き換えようとすることについて学びます。子どもがそのような影響を受けている際、ポジティブ・マインドフル・ペアレンティングをどう活用し、対応するかを説明しましょう。

消去と置き換えの影響

「消去と置き換え」の行為はいくつもあります。どのやり方も、子どもの心、意識、記憶からあなたを消去して、他の人物（通常は新しい恋人や配偶者、または祖父母）と置き換えを試みるという共通点が見られます。

あなたを名前で呼ばせる

元夫・元妻があなたのことを名前で呼ばせることがあります。もちろん、それまであなたが名前で呼ばせていたならば、あるいは、子どもが元々そうしていたならば、元夫・元妻が操作した結果だと判断することはできないでしょう。しかし、離婚後に元夫・元妻があなたを名前で呼びはじめたのを見て、子どもは自分も同じようにしなければと思うかもしれません。そしてこれが、子どもの忠誠葛藤を招く要因になる場合もあります。

世界の多くの国では、子どもは「マミー」「ダディー」「ママァ」「パパァ」など、特別な呼び名で親を呼びます。特別な呼称は、その人物が特別な関係を持った、子どもから見て責任と権威がある存在であることを意味します。同時に、愛情表現でもあります。

もし、子どもと話すときに、元夫・元妻が「マリーさん」「ジョンさん」などと、よそよそしく名前を呼び始めたならば、要注意です。こういうとき、元夫・元妻は子どもに二つのメッセージを伝えているからです。

・あの人はもうあなたにとって特別な人物ではない。
・あの人はもうあなたに対する責任も権威もない。

さらには、あなたを尊重するに値しない人物だと、子どもに信じ込ませようとしています。子どもに名前で呼ばせるとき、あなたは、親の立場（特別な関係にある重要な人物）から、子どもが人生で出会うその他大勢の一人に降格させられています。子どもは「僕はあなたと関係がない。あなたは僕にとって特別な人物ではない。あなたには何の権威もない」と言わせられているのです。あこれは、あなたにとって頬をひっぱたかれるような、痛みや屈辱を感じる事態でしょう。面目をつぶされ、落ち込み、絶望、または怒りや憤りを感じるかもしれません。

代理を「インストール」する

自分に新しい恋人や配偶者ができたとき、元夫・元妻は子どもに「ママ」や「パパ」と呼ばせるかもしれません。それだけでなく、学校の先生、コーチ、子どもの同級生の両親などにも、そのように紹介するのです。ある子どもは継母について次のように語ってくれました。「スーのことを『スーさん』と呼ぶと、（冷たいぶっきらぼうな口調で）『何？』と言われるけど、『ママ』と呼ぶと、（優しい口調で）『何かしら？』と答えるんだ」。この子は、感情的な報酬によって、父親の新しい妻を「ママ」と呼ぶようにし向けられたのです。

これは別の家族の事例ですが、ある子どもは、自分の名前ではなく、母親の新しい恋人の名前が入ったホッケーのユニフォームを着せられました。ホッケーの試合には母親の恋人が来て、**自分**の名前で子どもを応援するのです。（実の父親ではなく）自分こそが重要人物だと地域のコミュニティに宣言しているのです。こういうことが実の父親にとってどれほど屈辱的なことか、想像に難くありません。

元夫・元妻が自分の恋人を「ママ」「パパ」と呼ばせるとき、あなたは屈辱を覚え、元夫・元妻と子どもに怒りを抱くかもしれません。また、無様な状況に置かれてしまったということを思い知るかもしれません。たとえば、学校の先生やコーチがすでに**元夫・元妻の恋人**を子どもの親として紹介されていたら、**あなた**と会ったときにとても困惑した態度を見せるでしょう。あなたは子どもの学校や課外活動からも排除されていると感じるかもしれません。周囲が、あなたのことを侵入者と見なすのです。

子どもの名前を変更する

離婚後に、母親が結婚前の姓や新しい恋人の姓を、勝手に子どもの姓にしてしまう場合もあります。また、父親が勝手に、新しい愛称で呼ぶ例もあります。

子どもの忠誠葛藤を引き起こそうとする親は、ある意味で、カルト集団のリーダーに似ています（ベイカー、2007）。子どもに崇拝を求め、自分だけに従うことを強制します。そして、尊敬と忠誠を示すこと、すべての重要な関係を断つことを求めます。カルト集団のリーダーが入会したてのメンバーに行う最初の仕事は、新しい名前を与えることです。目的は、悪意ある元夫・元妻が名前を変更するときと同じです。名付けることを通して、自分こそが主人である、自分には権威があると宣言し、その人に新しいアイデンティティを付与するのです。入信者は「お前はもう別の名前の別の人間だ。これまでの人間関係や思想やコミュニティは切り捨てなさい。今日から、友人や家族と縁を切って、新しい思想を持つ新しい人間になるのだ」と言われます。そのリーダーを新しい親とすること、新しい人間として生まれ変わることを求められるのです。同じように、元夫・元妻も、子どもにこれまでの人間関係を精算し、まったく新しい存在になったことを印象付けようとします。まるで黒板をいったんきれいに消して、子どもにとって重要な唯一の権威的人物として自分の名前を書き込むようなものです。

昔からそうであったかのように子どもが新しい名前で暮らしていることを知ると、あなたは猛烈な不安に襲われるでしょう。そして、受け入れるか（これは元夫・元妻の行為を暗黙のうちに承認することを意味します）、あるいは、新しい名前で呼ばれたいと主張する子どもと衝突するかの、難しい選択を迫られるでしょう。拒否すると緊張が高まり、子どもと激しく衝突するかもしれません。そして、そのことが子どもを傷つけ、誤解を深めてしまうかもしれません。

過去を書き換える

あなたが子どもの生活や子育てにまったく関与していなかったと、子どもに言い聞かせる悪意ある元夫・元妻もいます。幼少期の出来事を書き換え、実際にあなたが担っていた役割を消去し、愛情のない、子育てに無関心な人物として配役し直すのです。それによって、食事の世話をしてくれなかった、おむつを替えてくれなかった、寝かしつけてくれなかった、一緒に遊んでくれなかった、宿題を手伝ってくれなかった、病院に連れて行ってくれなかった、と子どもが信じるようになるかもしれません。人生の初期に起きた経験の多くは、子どもにとって非常に重要なものです。かわいがってもらったと信じることができれば、自分自身や人間関係に対して肯定的になれるでしょう。問題は、幼少期のことを自分では知ることができないという点です。誰が世話をしてくれたか、それぞれの親がどれだけ熱心に関わっていたかは他人に教えてもらうしかないのです。元夫・元妻に「あの人は子育てに関心がなく、まったく関与していなかった」という言葉を繰り返し聞かされれば、子どもはそれを信じ、気持ちを固定化させます。

さらに一歩進んで、元夫・元妻は、故意に過去を新たな経験で上書きする場合すらあります。たとえば、あなたが娘にドレスをプレゼントしたと知ったとたん、もっと素敵な新しいドレスを買い与え、**あなた**にドレスを買ってもらって嬉しかったという子どもの記憶を上書きするのです。あるいは、あなたが子どもと映画を観に行ったり、レストランへ行ったりしたならば、その記憶を消去するために、子どもを同じ映画や同じレストランに連れて行くかもしれません。同じような出来事が複数ある場合、より最近の、より印象的な出来事が先に思い起こされます。子どもは元夫・元妻と行ったことを思い出し、**あなた**と一緒に行ったことは忘れてしまうのです。記憶は頻繁に思い出すたびに強化されます。あまり思い出さないことは次第に忘れていくでしょう。

消去と置き換えについて続けましょう。子どもの学校・スポーツチーム・課外活動の名簿、病院のカルテなどから、あなたの名前と連絡先を故意に削除するというやり口があります。そうなると、学校や課外活動で子どもが怪我をしたり、緊急事態が起きたりしても、あなたには連絡が来ません。子どもが危険な状態にあるとき、子どもがあなたをもっとも必要としているときに、それを知るよしもないのです。あなたはボランティア活動にも誘われず、学校、課外クラブ、スポーツチームなどの社交イベントに招待されません。子どもが大切だと思っている人物と知り合うことも、自分が子どものコミュニティの重要な一員だと本人にわかってもらうこともできません。そのほかにも、連絡網から外されてしまうと、実際的な不都合があります。ある父親は、いつも母親の名前を学校の名簿から削除し、子どもの早期下校の情報が伝わらないようにしていました。母親は悪天候の日に下校時間が早まるかどうかを確かめるため、学校に何度も駆けつけなければなりませんでした。また、クラスやスポーツチームの名簿に名前が載っていないことで、先生やコーチがあなたを子育てに関与していない親と見なし、子どもにも同じような印象を伝える懸念があることも、また問題です。

排除される機会が増えると、場に溶け込むことが難しくなり、子どもへの関わり方もぎこちなくなります。たとえば、保護者会の会合がいつどこで開催されるかをようやく把握したときには、元夫・元妻はすでに社交の中心にいて、あなたがその場に溶け込むことは難しくなっているでしょう。

学校の行事や課外活動の連絡がなくて行けなかった場合でも、子どもは、あなたは無関心だという有害なメッセージを裏付ける証拠だと信じます。親が試合観戦、賞の授賞式、学芸会などに訪れないと、自分が愛されていないからだと解釈する傾向があることを、ここでも思い出してください。また、子どもの生活における重要なイベントに参加できないと、子どもと共有の思い出を作る機会も奪われてしまいます。子どもが覚えているのは、あなたがその場にいなかったということだけ。あなたが元夫・元妻を責め、どれだけ言い訳をしても、子どもにはまったく耳を貸してもらえないのです。

他人がこの問題を理解することは難しいでしょう。元夫・元妻による「消去と置き換え」が心配だとセラピスト、監護評価者、親戚に伝えても、理解してもらえなくて、相手の何が問題なのかと問い返されるかもしれません。離婚は珍しいことではなくなりましたが、片親疎外と忠誠葛藤についてはいまだに認識が広まっていません。元夫・元妻があなたを子どもの心から消去しようとしていることが「見えていない」人も少なくないのです。友人や家族でさえ、あなたの心配事は、離婚に伴うありがちな問題の一つに過ぎないと感じる場合もあります。調停委員、セラピスト、監護評価者、裁判官までが、子どもの歓心を買うために、あるいは復讐するために、あなただって似たような行動をしているに違いないと、決めつけるかもしれません。残念なことに、そうした人たちは自分の無理解を否認することによって、意図せずしてあなたの不満や孤独感を増幅させています。

あなたの家族で問題が起きているか？

元夫・元妻と会うとき、電話で話すとき、手紙をもらうとき、あなたを何と呼んでいるかに注意してください。

たとえば、子どもに電話をかけたときに、元夫が「ジェーンさんが電話してきたのかい？」と子どもに聞いていたり、あるいは、子どもを迎えに行ったときに、元妻が「さあ行くわよ。ジェームズさんが待っているわ」と言ってはいないでしょうか。子どもが呼び捨てにしても、叱ったり、訂正したりしないという巧妙なやり方で、子どもを誘導する人もいます。

幼児期の子どもは、親が単なる「ママ」や「パパ」ではなく、名前を持っていることを発見して、呼び捨てにすることがあります。しかしながら、あなたのことは名前で呼ぶのに、元夫・元妻を「ママ」や「パパ」と呼んだり、元夫・元妻がそのダブル・スタンダードを放置していることが明らかならば、忠誠葛藤を引き起こす意図がある可能性は高いと言えるでしょう。

子どもが自分を新しい名前で呼んだり、あなたにもそう呼んでほしいと求めるならば、名前が変更された紛れもない証拠となります。ここでも、子どもが別の名前を実験的に呼ぶ時期があることに注意してください。その可能性を除いて、元夫・元妻が子どもの生活からあなたを除外するために、呼び方を変えろとそそのかしているかどうか、確認してください。

あなたが、先生やクラブのコーチなど、子どものコミュニティの人々に自己紹介したとき、困惑した反応が返ってきたら、元夫・元妻が置き換えを実行したとわかるでしょう。彼らはすでに「本当の」親を紹介されているのです。

また、子どもがメール、SNS、学校のレポートなどで、他の人について「ママ」や「パパ」と書いているのを見て、あるいは、公の場でそう呼んでいるのを聞いて、置き換えが実行されたことに気づくかもしれません。継親のいる家族の適切な行動について知りたいときは、『元夫・元妻に対する礼儀作法――離婚・離別後のよい行動』（ブラックストーン・フォードとジュープ、2004：*Ex-Etiquette for Parents: Good Behavior After a Divorce or Separation*, Blackstone-Ford and Jupe, 2004）を参考にしてください。

子どもをどこか楽しい場所や特別なところへ連れて行くたびに、あるいは、子どもに何かを買うたびに、元夫・元妻がその行動をなぞっているならば、要注意です。

また、子どもが乳幼児期にあなたがその場にいなかったとか、関わっていなかったなどと言った場合も同じです。

エクササイズ7・1　元夫・元妻は消去と置き換えを行っているか？

元夫・元妻が離婚後に以下の言動や態度をどれぐらい頻繁に示しているか、チェックしてください。

	まったくない	時々ある	頻繁にある
あなたを名前で呼ぶ			
子どもに別の人物を「ママ」や「パパ」と呼ばせる			
子どもを新しい名前で呼ぶ			
連絡名簿にあなたの名前を載せない			
子どもの過去を書き換え、あなたの役割を消去する			

よくある有害無益な応答

元夫・元妻が消去と置き換えを実行しているならば、以下の二つの対応は避けてください。

・怒りをぶつける。
・元夫・元妻が、いつかは自分を子育てに関与させるはずだと望みをかける。

やってはいけないことの一つめは、子どもがあなたを呼び捨てにしたり、元夫・元妻の新しい恋人を「ママ」や「パパ」と呼ぶ事について、怒りをぶつけることです。多くの子どもは（父母に関する忠誠葛藤を経験しているかどうかにかかわらず）、親を怒らせることができる自分の力に興奮します。つまり、あなたが過剰に反応すると、子どもは取り乱したところを見たいがために、こういったことを繰り返すでしょう。

第二の間違いは、いつか元夫・元妻が思い直して、自分を子どもの学校生活や課外活動に関与させるだろうと楽観し、そうならないとわかったときに、傷ついたり驚いたりする様子を見せてしまうことです。同じように、大事なイベントがあったことを知らされなかったことがわかったときにも、元夫・元妻に怒りをぶつけてはいけません。子どもは、人のせいにするあなたを認めません。大人であるからには、学校やスポーツチームで何が起きているかを知る責任があるはずだ、と思っているのです。

推奨する応答方法

　子どもに呼び捨てにされたら驚くかもしれませんが、最初の数回は何の反応も示さないようにしてください。冷静を装い、一過性の行動かどうか静観するのです。もし繰り返すようなら、呼び捨てにされるとどのように感じるかを説明し、やめてほしいと「丁寧に要求」をしてください。たとえば、「あなたのママ（パパ）だってことが気に入っているので、呼び捨てにしないで。ママ（パパ）と呼んでくれると本当にうれしいな。私を呼び捨てにできる人はたくさんいるけれど、ママ（パパ）と呼べるのはあなた（とあなたのきょうだい）だけなのよ。どうもありがとう」。「どうもありがとう」で終えることで、協力を期待しているのだと伝えることができるのです。そして、もし子どもが「ママ」や「パパ」と再び言い始めたら、要求を受け入れてもらった感謝を伝えてください（第4章の「子どもを褒めるときの七つの要素」を参照してください）。子どもが呼び捨てにし続けても、丁寧に要求することを諦めないでください。しばらく続くならば、「ママ」や「パパ」と呼ばれるまで、穏やかな気持ちで、応答しないという手段に出てください。無視することによって、やめさせられる場合があります。もし子どもが要求に従ったならば、すばやくポジティブな反応を返してください。言うなれば、応答という報酬を与えるのです。

私メッセージ

あなたが丁寧に要求しても子どもが呼び捨てを止めないときは、「私メッセージ」（主語を「私」にすること）を使うのがよいでしょう。「呼び捨てにされると、私は軽蔑されているように感じるの。私と話すときは、いつものようにママ（パパ）と呼んでほしいな」という風に。

私メッセージと丁寧な要求は、望まない行動が**あなたの**気持ちに与える影響に、あなたの意識を向けます。つまり、おまえは悪いことをしていると非難するのではなく、その行動のせいで私が不快になっていると伝えることが、ポイントです。この方法なら、自己尊重の手本を示し、感情に正しいも間違いもないということ、ありのままの気持ちでよいということを、子どもに教えることができます（第4章の「感情のコーチング」を参照してください）。加えて、あなたへの共感を促すことになるので、子どもが全面的に拒絶したり、あなたを見捨てることはより難しくなるでしょう。

エクササイズ7・2　呼び捨てに対応する

あなたの対応が効果的かどうか確認するために、以下の表、あるいは日記やノートに、子どもがどれぐらい呼び捨てをしたか、そのときのあなたの反応はどうだったか、何が起きたかを記録してください。

日時と状況	あなたの反応	結果
例：ショッピング中、息子のジェイクが「ケビンさん、あんたが選んだシャツは嫌い。ママがシャツを買ってくれるから」と言った	私は傷つき、面会交流の貴重な時間にもかかわらず、落ち込んでいた。絶望から抜け出すことができなかった	ジェイクは私が憂うつになったことにとても満足しているように見えた。ひそひそ母親と話すのが聞こえた。私のことを負け犬と呼んでいた

一緒に問題解決を目指す

子どもが、元夫・元妻から呼び捨てにしなさいとプレッシャーをかけられていることや、継親を「ママ」「パパ」と呼びなさいと言われていることを明かしたら、それはチャンスです。あなたは、プレッシャーに対抗する方法を子どもと一緒に探ることができる幸運な立場にいるからです。

第一に、慈悲の心を持つことが大切です。君が困難な状況に置かれていることは理解しているよ、と伝えてください——たとえば、「ママ（パパ）がそんなことをやらせようとするなんて、想像しただけでつらい」というように。そして、どうしたらよいと思うか、質問してください。あれこれ言わず、質問するだけでも有効です。主体的に思考すること、元夫・元妻に自動的に従わなくてもよいことを、子どもの心に届けることになるからです。

自分で選択肢を見つけることはできるでしょうが、もしそうでなければ、子どもと一緒にブレインストーミングすることを提案してみましょう。第一の選択肢は、子ども自身が、あなたを呼び捨てにしたくないと元夫・元妻に手紙を書くことかもしれません。第二のアプローチは、子どもが元夫・元妻に「大好きだよ。でも、ママ（パパ）のことも好きなんだ。だから、ママ（パパ）と呼びたい」と言うことかもしれません。しかし、第三の選択肢は、元夫・元妻の言いなりになって、あなたを傷つけることかもしれません。選択肢について子どもと話し合う方法については、『選びたくない――小学校中学年の子どもに親を選ばせない方法』（アンドレとベイカー、２００８：*I Don't Want to Choose: How Middle School Kids Can Avoid Choosing One Parent over the Other*, Andre and Baker, 2008）を参考にしてください。子どもと一緒に、それぞれの選択肢の利点と欠点について（できるだけ中立的に）検討することが重要です。たとえ、あなたがこれを子どもに選ばせたいと心のなかで思っても、押しつけてはいけません。

自分自身で解決策を考え出したら、元夫・元妻がやめさせようとしても、子どもはそれを手放しません。あなたが主体性を尊重し、自分自身で考える自由を与えたことに（一定の）感謝の気持ちを抱くでしょう。あなたは、努力して親を選ばせようとするプレッシャーを跳ね返したことに対して、感謝を忘れないでください。「簡単ではなかったと思うけど、自分にとって正しいと思える選択肢を選んでくれたことに感謝するよ。自分にしっくりくる解決策を見いだした能力に感心したよ」と言うのはどうでしょうか。

離婚後の困難な時期に父母がどのように振る舞うか、という文脈のなかに元夫・元妻の行為を位置づけると、子どもは状況を理解しやすくなるかもしれません。たとえば、「離婚すると、父親と母親が子どものことで話し合うのが難しくなる状況があるの。だからといって悪い人だというわけではないのよ。でも、『父親（母親）はもうおまえを愛さない、世話をしない』と子どもに信じ込ませようとする、ひどい親もいるの。子どもにとってはきついことよね。そういう問題を抱えながら父と母の間を行き来するより、どちらか一人を親として選ぶ方が簡単なときもあるわ。あなただって、ふたつの家を行ったり来たりするのは楽じゃないと思うことがあるでしょう。ときどき私も、パパ（ママ）が望まないことをあなたにやらせようとしてしまうかもしれない。そしたら混乱してしまうよね。でも、たいていは対処法があるものよ。もし、私を選ばせようとしていると感じたら、私に注意してね。そんなことしたくないから。そして、どちらかの親を選ぶ必要はないことを思い出してね。あなたはママもパパも好きでいいし、両方から愛されていいのよ。そう思えなくなったら、私と話し合えるということを忘れないで。正しいと思える解決策を一緒に考えましょう。あなたは賢くて勇気のある子どもよ。あなたなら乗り越えられるわ」。このように言えば、子どもの苦悩に共感し、感情のコーチングのテクニックを使って、子どもの気持ちを言葉で表現することができます。また、解決を見いだす能力を信じているということ、それを応援するということも、これで伝わります。「あなたも私も互いに大好きで、共に人生にとって必要な存在だということを忘れないでね。私を大好きだということを忘れそうなときは、どうすればいいと思う?」と付け加えるといいかもしれません。このような質問は効果的です。子どもは自分で考えた方法を大切にし、自分自身にアドバイスして、自ら道を切り拓こうとするからです。また、子どもがあなたを思い出すきっかけを必要としているときに役立ちます。

◆ヒント:子どもがあなたの愛情を思い出せるようにするために

・小さな宝石やメダルをあげる。
・子どものカバンにカードやメモを忍ばせる。
・子どもがどこへでも持ち運べるように、二人が一緒に写っている写真をあげる。
・元夫・元妻が許可するならば、(それぞれの家に一匹ずつ)かわいい動物を飼う。
・声の届かないところにいても愛情を交換できるように、二人だけの特別な笑顔、ウィンク、手話を使う。
・愛情を象徴する一口サイズのチョコレートを子どものカバンに忍ばせる。

連絡先についての事前対策

元夫・元妻が学校、課外活動、通院している病院などの情報を隠していないかどうか、注意が必要です。最も大きな問題は、相手がそれらの提供を当然だと思っていないことにあります。ですので、学校に出向き、連絡名簿に自分の名前が載っているかあなた自身で確かめてください。載っていなかったら、学校の事務担当者と話し合い、自分の連絡先を記載させるようにしてください。離婚時の判決や養育計画を持参し、法的監護権の一部を共有していることを示してください。法的監護権がないならば、学校の情報の閲覧にはどのような権利を行使できるのか、弁護士に相談してください。あなたが法的監護権の一部を共有しているならば、おそらく「家族の教育上の権利およびプライバシー法：Family Educational Rights and Privacy Act（FERPA）」〔親あるいは一八歳以上の本人が学校の成績に関する情報を閲覧する権利〕によって、名簿に載せてもらう権利や、子どもの成績を閲覧する権利を有しています。学校と敵対関係にならないように気をつけながら、子育てに関与している親であることを伝え、法的権利の行使を求めてください〔日本は離婚後単独親権のため、二〇一七年六月時点でこのような法律は存在しない〕。

◆ヒント：子どもの教育に関与する

元夫・元妻の承認がなくても教育に関与する方法があります（＊はエプスタインら、1997より）。

・学校のデータベースにあるあなたの連絡先情報が正確かどうか確認する。学校のウェブサイト（保護者サイト）を閲覧する方法を把握しておく。

・子どもの先生、学校、役所などからのメールを受け取れるようにしておく。＊

・子どもの先生と面談する。保護者会に参加する。
・学校の情報について、元夫・元妻からの連絡を待たない。あるいは、子どもが話すまで待たない。自分で定期的に学校の情報を確認する（子どもの生活のその他の情報についても同じアプローチをとること）。
・学校の行事、クラス参観や遠足の付き添いに参加する。
・勉強をサポートするため、家庭で補習を行う。*
・学校や地域の各種委員会が主催するボランティア活動に参加する。*
・地域の学校関連の委員会に入る。学校の各種委員会の委員になる。*

元夫・元妻が過去を書き換え、子どもが、幼少期にあなたが子育てに関与していなかったなどと発言するときは、穏やかに間違いを訂正してください。「実際は私もその場にいたよ。私は……を思い出すな」などと言ってみましょう。もし、その場にいた人しかわからないことを付け加えることができたら、子どもは関心を持ち、喜ぶでしょう。幼い頃、自分は世話をしてもらえなかったと責めるならば、慈悲の心をもって積極的傾聴で応答することが大切です。子どもの認識や記憶について尋ね、どういう場面で不在で関与していなかったと思ったのか、それはどのような意味をもつのか確認してください。「つまり、私が実際にはその場にいなかったと思っているのかな?」というように。思いを話す機会を与え、共感を示すこの行為こそが、まさにあなたが子育てに関与している（そして、いつも関与している）証明です。怒ったり、防衛的になったり、元夫・元妻を責めたりせずに、愛情がないなどと言ってあなたをこき下ろす元夫・元妻にも（子どもからすれば）正しい部分があるかもしれないと言ってください。

一緒に過ごしたときのあたたかい思い出を折に触れて話題にして共有することで、元夫・元妻による過去の書き換えを無効化することができます。子どもは出来事に含まれた情報を驚くほど吸収していきます。たとえば、こんなふうに言ってみましょう。

・「忘れられないよ。おむつを替えているとき、……ということがあって、笑っちゃった」
・「あなたが寝なかった晩、私は……」
・「あなたはお風呂が大好きだったので、私は……」

消去されようとしている親子の絆を思い出してもらうために、子どもが小さいときにその場にいた友人や家族に、思い出を語ってもらうとよいかもしれません。

エクササイズ7・3　子どもの思い出を書き出す

重要な出来事を思い出すために、以下のエクササイズを行ってください。機が熟せば、子どもとそれを共有することができるでしょう。以下の空白部分、あるいは日記やノートに書き記してください。複数の子どもを共同養育しているならば、それぞれの子どもについて別々にエクササイズをやってみてください。

◆**乳児期（誕生〜一歳半）**

この時期、あなたの子どもはどんな感じでしたか？

この時期、印象的な子育ての思い出は何ですか？

◆幼児期（一歳半～三歳）

この時期、あなたの子どもはどんな感じでしたか？

この時期、印象的な子育ての思い出は何ですか？

◆幼稚園児／保育園児期（三歳〜六歳）

この時期、あなたの子どもはどんな感じでしたか？

この時期、印象的な子育ての思い出は何ですか？

◆小学生期(六歳~一一歳)

この時期、あなたの子どもはどんな感じでしたか?

この時期、印象的な子育ての思い出は何ですか?

◆中学生期（一一歳〜一五歳）

この時期、あなたの子どもはどんな感じでしたか？

この時期、印象的な子育ての思い出は何ですか？

◆**高校生期（一五歳〜一八歳）**

この時期、あなたの子どもはどんな感じでしたか？

この時期、印象的な子育ての思い出は何ですか？

クリティカル・シンキング（批判的思考）のスキルを育てる

子どもの人生におけるあなたの役割を軽視させようとする企みを防ぐために、子どもに、自分自身で考えることについて、明白な結論を出した理由は何かについて、意識させてください。たとえば、小さかった頃にあなたが不在だった、子育てに関与しなかったと信じるようになった理由を、子どもに尋ねてください（穏やかに質問すること。さもなければ、子どもは攻撃されたと感じるかもしれません）。多くの場合、「ママ（パパ）がそう言ったもん。ママ（パパ）は嘘つかないもん。だから本当に違いないよ」と答えるでしょう。それでも、あなたは元夫・元妻を嘘つき呼ばわりしてはいけません。穏やかにリラックスして、以下のように話してください。「同じ出来事であっても、人によって記憶に違いがあるんだよ。ママ（パパ）はこう覚えていて、私はそうは記憶していない、ということがあるのさ。記憶が違っているからといって、嘘をついていることにはならないよ。ママ（パパ）はいつも一緒にいたわけではないからね。ママ（パパ）は私が君と遊んでいるときや、面倒を見ているところを目にしていないんだよ。たとえば、ママ（パパ）が仕事で帰りが遅い毎週火曜日は、私が学校にお迎えに行っていたんだよ。君は、友だちと自分の記憶が違っていて、自分のほうが間違っていたり、不正確だったとわかったことはあるかな？」。こんなふうに言って、自分のケースをもとに、間違いを認め、経験を振り返る態度のお手本を示してみましょう。

記憶と習慣を育てる

過去の書き換えに対処する別の方法は、様々な場面であなたが子どもと撮った写真を、家のあちこちに飾ることです。「ほら、私たちは仲よしよ！」「お母さんは嘘を言っているぞ。私は一緒に過ごしていたじゃないか」と発言することは、控えてください。写真にモノを言わせるのです。写真を冷蔵庫に貼り付けると、子どもは冷蔵庫から食べものを取り出すたびに、あなたを思い出すでしょう。子どもは、あなたとのあたたかい思い出を「目で知る」でしょう。

方法はまだあります。それは、家族の年中行事を主催することです。毎年、子どもと一緒に過ごす恒例行事（バレンタイン・パーティー、プレーオフのスポーツ観戦、クリスマス・チャリティのボランティア活動、新年休暇中の映画鑑賞など）を行うと、子どもは人生にあなたが関与していたことを無視できなくなるでしょう。なぜなら、その「時期」が、一緒に過ごした思い出の呼び水になるからです。少なくとも月一回、あなたと子どもが楽しみにする家族の年中行事を創るとよいのではないでしょうか。

エクササイズ7・4　家族の年中行事を創る

家族の年中行事のアイディアを練るために、以下の表を役立ててください。子どもが自分自身のやり方で参加できる方法を考えてください。クリスマス・クッキーを飾り付けたり、感謝祭の食卓を準備したり、新年パーティーの招待状を作ることを役割として与えてもよいかもしれません。

月	家族の年中行事	子どもが担う特別な役割
1月		
2月		
3月		
4月		
5月		
6月		
7月		
8月		
9月		
10月		
11月		
12月		

次の過去の書き換えへの対処法は、子どもの感覚記憶を呼び覚ますことです。マルセル・プルーストの『失われた時を求めて』には、図らずもマドレーヌの味が子ども時代の記憶を甦らせる、有名な一節があります。感覚（とくに嗅覚）は奥深く埋め込まれた記憶を呼び覚まします。お気に入りのパン屋さんに子どもとよく行っていたら、久しぶりに二人で訪れたとき、親密な記憶が呼び覚まされるでしょう。

このとき、意図があからさまに伝わらないようにしましょう。たとえば、「このパン屋さんの匂いを覚えているかい？　楽しかったことを思い出さないかい？」ではなく（これではあまりにも操作的です）、「この店に一緒に来られて嬉しいよ。小さかった頃はよく来たよね」と言うのはどうでしょうか。

愛情と感謝を伝える、そして現在と過去が祝福されるような表現になります。

穏やかに訂正する

元夫・元妻が子どもの生活におけるあなたの役割を軽視した発言をするとき、強い怒りや不満を感じるでしょう。あなたと子どもに苦悩と心痛をもたらし、無力感を抱かせるからです。非道な行為に打ちのめされるでしょう。元夫・元妻が子どもを引き離すことを固く決意しているからには、何を言っても何をやっても無駄だと思っていませんか。あなたは、威厳をもって論理的な方法で立ち向かうことが可能だと子どもに示すために、強さと勇気を呼び起こさなくてはなりません。礼儀正しく、しかし毅然として首を振り、「それは真実ではないと知っているよね」と元夫・元妻に言ってください。

◆ヒント：礼儀正しく元夫・元妻に立ち向かう

礼儀正しく元夫・元妻に立ち向かう発言例です。

・「君は真実ではないことを言っているね」
・「私には私の真実があるわ」
・「私はその場にいた。ちゃんと子育てに関与していたことは自分が知っている」
・「子どもは私が愛していることを知っているのよ」
・「なぜ真実ではないことを言う必要があると思うのか、それが不思議だ。その発言は子どもを傷つけている」
・「私に怒っているのならば、私に言って。そうすれば、子どもを巻き込まずに話し合えるわ」

結び

元夫・元妻は子どもの心からあなたを消去しようと試みているかもしれません。具体的には、あなたを親の役割から降ろし、他の誰かと置き換え、子どもの名前を変更し、子どもの情報を隠しているかもしれないのです。また、子どもを成長させるというあなたの役割を最小にし、あなたと子どもの思い出を、新しい出来事で上書きしようと試みているかもしれません。そんなときは、あなたは、子どもの思いやりを育てるために私メッセージを使い、子どもがもっと礼儀正しく振る舞うように、丁寧に要求しましょう。また、各種の記録を閲覧できるよう事前に対策をとり、子どもがクリティカル・シンキングのスキルを使うことを後押ししましょう。あなたは温和に、しかし戦略的なやり方で物事を明確にすると同時に、子どもが元夫・元妻に従属している状況から脱け出し、あなたを拒絶させようとするプレッシャーをはね返すための手助けができるのです。

第8章 元夫・元妻が子どもに あなたの信頼を裏切れとけしかけるとき

あなたの信頼を裏切る行動とは、秘密を作ったり、あなたに対するスパイ行為を指します。この章では、元夫・元妻が子どもにどうやってそのような行動をしろとけしかけるのか、子どもにどのような影響があるのかを知り、それにポジティブ・マインドフル・ペアレンティングでどう対応するかについて学びます。

子どもへの影響

子どもは行動と思考を一致させようとします。たとえば、あなたにひどい態度で接してしまったときに、罪悪感や混乱から逃れるために、あなたの方にそうされる原因があったと信じようとします。つまり、行為を正当化するために、自分にはあなたのネガティブな性質に焦点を当てる必要性があったと感じようとするのです。このときの無意識の思考過程はこのようなものです。

よい子である私が、よい親であるママ（パパ）を傷つけたなんて考えたくない。自分を悪い子にしたくない。そうだ、ママ（パパ）はよい親だという考えを変えればいい。本当に悪い親だったことにすれば、ママ（パパ）に私の行為の原因があったことになる。つまり、私は悪い子じゃない……。

子どもは、裏切るに値する問題行為を**あなた**が先にやったと信じようとすることで、罪悪感から逃れるのです。元夫・元妻による、あなたの信頼を裏切れとけしかける行為は、このような連鎖反応を引き起こし、子どもは将来にわたってあなたを拒絶し、裏切り続けることになります。

子どもに裏切られたと気づいたとき、あなたは痛みや怒りを感じるに違いなく、そのことがよい子育てやしつけを目指す努力をよけいに難しくします。多くの場合、あなたは反発して、かえって元夫・元妻と子どもの結束を強めてしまうでしょう。子どもと頻繁に衝突すれば、感情的なしこりが残ります。それこそが元夫・元妻が望んでいるものなのです。

相手は以下の方法で、子どもにあなたの信頼を裏切れとけしかけます。

子どもに面会交流するかどうかを選ばせる

元夫・元妻は、裁判所命令を遵守せず、面会交流を単なる選択肢のひとつ、あるいはあまり好ましくない選択肢として子どもに伝えます。たとえば、（合意書で面会交流の優先交渉権を取り決めた場合）、元夫・元妻が、自分が面会交流する週末に、緊急の用事でそれができなくなったにもかかわらず、「今週末は友だちの家に外泊するのはどうか」と子どもに提案するかもしれません（優先交渉権を取り決めたならば、他に選択肢はないはずです。元夫・元妻が子どもの世話をできないときは、あなたに子どもの世話をまかせるべきです）〔アメリカでは、急用で養育できない日（面会交流できない日）については、共同親権者である元配偶者が優先的に養育を引き受けることをあらかじめ取り決める場合が多い。日本の状況は「訳者解説」参照〕。あるいは、予定されているあなたとの面会交流を子どもに拒否させるために、とても魅力的な代替案を提案するかもしれません。たとえば、「今週末、家にいるなら、ブロードウェイでショーを見て、ショッピングに行こうか！」と誘ったりします。

面会交流の代替案を選ばせることで、あなたを犠牲にしてもよいと子どもに思わせるのです。これは、あなたは別に会っても会わなくてもいい相手だという思い込みを醸成します。

このたぐいのプレッシャーは見え透いていますが、それでもより純真で信じやすい小さな子どもには、効果的です。一般的に、小さな子どもは不在の親（あなたのことです）に対するよい感情や忠誠心を記憶に留めておくことが困難で、目の前にいる親（たとえば、元夫・元妻です）の言動に簡単に左右されます。元夫・元妻は面会交流を無視する「理由」を子どもに吹き込みます。もう少し年齢が高い子どもでも同じく、このたぐいの操作に影響を受けやすいと言えます。一般的に、成長すると欲しいものが増えるので、それを楯にとられると簡単に「買収」されてしまうのです。場合によっては、わざわざ物で釣らなくても、ほんの少しの自由や特権を与えるだけで誘導できます——彼女や彼氏を家に招待してもいい、門限を遅くする、監視を緩める、などがその例です。元夫・元妻が、自分は子どもを信頼しているのでスケジュール管理は本人にまかせるとアピールしたら、子どもはすぐ騙されて、自分で予定を決めたい、元夫・元妻といたいと思うかもしれません。そうなれば、元夫・元妻は、本人に「発言権」がないなんて不公平だと強調し、子どもの主体性に理解ある親を演じてみせるでしょう。

極端な事例では、悪意ある元夫・元妻が子どもを誘導し、監護者の変更を本人に要求させます。たとえば、「私と暮らすなら、私には十分なお金があるから、犬を飼ってあげるよ」「私のことを本当に大好きなら、パパ（ママ）と面会交流しないで、一緒にいてね」などという言葉で操るのです。悪質な親は、裁判所は年齢の高い子どもや面会交流を頑なに拒否する子どもには養育計画を強制しないだろうと高をくくっています。たしかに、家庭裁判所は、裁判所命令に従わない親に必ずペナルティを科すわけではありません。さらに、一方の親が経済的、また裁判所に戻って争う余力もないこと（よい弁護士を雇うお金や、気力や希望が不足していること）を知っていれば、相手は大胆にも裁判所命令を破るでしょう。悪意ある元夫・元妻は、ひとたび子どもが「自分の意思」を固めたら、そちらが事実上の養育計画になるということを見越しているのです。

学校の行事やスポーツ大会に父母の双方が見学に来るときに、子どもに親を選ばせる手合いもいます。まず、子どもがあなたを軽蔑する状況を巧妙に作り出しておきます。そして、子どもが最初に自分のもとに駆け寄ると、それが本人の意志だと言い張り、そのままずっと子どもを連れまわすのです。すると、子どもは行動と感情を一致させるために、元夫・元妻の方が好きだから自分は一緒にいるんだと、後付けで思い込もうとするかもしれません。子どもは「僕はいつも最初にパパのところに行くんだ。だってパパのほうがいいもん」と思っているかもしれませんが、実は巧妙な操作とプレッシャーが働いていることに気づいていないのです。

子どもに拒絶を強制する

悪意ある元夫・元妻がより悪質になると、さらに大胆なことをやります。子どもに知りたくないニュースを直接届けさせるのです。たとえば、子どもにあなたとの面会交流の拒絶を強制する場合、子どもに電話をかけさせて、家が臭いから行きたくない、来週はお迎えに来ないで、と言わせます。ほかにもこんな事例があります。子どもが珍しくメールを送ってきました。見ると、ユニフォームの代金を支払わなかったあなたには、表彰式に出席してほしくないと書いてあるのです。または、子どもが野球の試合を見に来ないでとメールしてきます。試合中に自分をじっと見ていて、みんなが気持ち悪いと言っているから……。子どものこういう発言は、元夫・元妻に何かを言われるよりも、ひどく傷つくでしょう。

ある家族の例では、父親が娘に、月曜日の面会交流の予定はキャンセルするとメモを書かせました。そして、娘を母親の家まで車で送り、玄関のすきまからメモを滑り込ませるように言いました——母親が家にいたにもかかわらず、です。とどめの一発は、メモに「ママへ」ではなく、「……さんへ」と書かれていたことです。当然ながら、母親はとても傷つき、恥じ入り、悲しみ、怒りました。娘は、自分の冷たい仕打ちを正当化するために、次第に母親の欠点に目を向けていきました。そして、自分は母親に愛されていないと言い張るようになったのです。父親本人が面会交流をキャンセルするとメモに書いて持ってきたとしたら、母親はこれほど衝撃を受けなかったでしょう。

子どもにスパイ行為をさせる

元夫・元妻が、あなたに新しい恋人がいるかどうか、どのようにお金を使っているかを知りたい、離婚や監護に関する情報を手に入れたいときに、子どもに情報を収集させる場合があります。以下はその例です。

・最近ボーナスを支給されたか、昇給したかを確認するために、メールを盗み見させる。
・誰と連絡をとっているかを確認するために、携帯電話やメールのログを定期的に盗み見させる。
・収入、離婚に伴うあなたしか知り得ない情報、人間関係などに関する情報を収集するために、書類を盗み見させる。
・家電製品、車、その他の家具など、最近の購入品に関する情報を集めさせる。

これは明らかに不適切な行為ですが、それを正当化するために、元夫・元妻は、あなたが情報を不当に隠蔽しているので自分には知る権利があると子どもに印象づけます。あとは子どもに情報の収集を依頼すればいいだけです。言い換えると、子どもに、自分は不正を正すために協力しているのだと信じ込ませているのです。あなたが厄介者で人を騙すような人間でなかったら、すでに情報を開示していて当然、というわけです。元夫・元妻は、一人前の人間として信頼されたいという子どもの気持ちをくすぐって、お世辞さえ言います。さらに、収集した情報を二人の秘密にするという共謀行為を通して、親近感を深めます。重要な指令をやり遂げた勇気と賢さを、何度も褒めるはずです。子どもにとっては、感情面の報酬、肯定的な評価、自己肯定感の増大は価値あることなのです。

子どもに秘密を守らせる

あなたに手出しさせないために、元夫・元妻が子どもに秘密を守らせることがあります。それは以下のような事柄です。

・あなたに反論されそうな、スケジュールや養育計画の変更。
・あなたに反論されそうな、町外、州外、国外への旅行。
・子どもの健康状態（たとえば、子どもの学校不適応、怪我、虫歯など）。体調を崩していることを知られたくないため。
・自分の新しい配偶者や新しい恋人（同棲相手）。

・子どもの転校。
・子どものセラピーの開始。

相手は、転校やセラピストのもとに通うようになったといった情報を内密にします。そして、あなたより先手を打って、自分だけが学校の教師、カウンセラー、周囲の人たちと関係を築こうとします。家族の状況について見解を先に伝えることで、あなたを不利な立場に追いやろうとするのです。

悪意ある元夫・元妻の多くは、自分たちの利益が脅かされると言って子どもを説得し、秘密を守らせようとします。子どもの望み（たとえば、ディズニー・ワールドに行くこと）を代わりに叶えるという計画も内緒だと言い、ばれると台無しにされるよ、と警告するのです（たとえば、旅行が妨害される、など）。子どもはしたいことができなくなると思い、傷つき、あなたに怒りを感じ、あなたへの信頼を裏切って、その秘密を守ろうとします。

あなたの家族で問題は起きているか？

元夫・元妻が面会交流するかどうかを選ぶことを許すと、子どもは自分に、養育計画をコントロールする権利と力があると勘違いしてしまうのではないでしょうか。子どもが「自分の希望を反映させたい」あるいは「自分の人生を自分で選びたい」と主張するとき、それは「受け売りの脚本」（第2章参照）が機能しているとわかるような、傲慢な調子で繰り返されるでしょう。一般的に、子どもにあなたを敵視させようとする元夫・元妻は、間違いなく面会交流を減らすだろうと踏んだときだけ、子どもに面会交流をどうするかを選ばせます。そして、多くの場合、養育計画に従おうとしているふりをして、子どもにはもっと面会交流をさせたいのだが、などと平然と言い放つのです。

養育計画がどのように実施されたかを注意深く見守っていると、いつ元夫・元妻が子どもに面会交流をするかしないか選ばせるようになったかわかるでしょう。記録をつけると、今自分がどういう状況にあるかを確認できます（エクササイズ6・1「面会交流のマンスリー・ダイアリーをつける」参照）。実際、面会交流に関して、あなたには何が認められているでしょうか。あなたが面会交流の優先交渉権を持っているにもかかわらず、子どもが何の気なしに、「ママ（パパ）が先週火曜日に用事があったとき、私、メリッサの家に泊まったの」と明かしてくれるかもしれません。このような場合、元夫・元妻が面会交流するかしないか子どもに選ばせている可能性があります。しかしながら、子どもが常に日常生活を正確に報告してくれるわけではないことも忘れないでください。結論に飛びついてはいけません。あなたと話し合うことなく、相手が面会交流に影響するような判断を勝手に下したと思ったならば、そのことについて元夫・元妻に直接尋ねてください。

もっと楽しい活動が提案されたために面会交流は気乗りがしないと、子どもが語るかもしれません――たとえば、「ママ（パパ）が、お迎えに来てもらうか、家にいて楽しい映画を一緒に見るか、どちらかに決めなさいと言ったよ」などと述べるのです。あなたが子どものメールを監督しているならば、元夫・元妻とのメールのやりとりから、子どもを引き離そうとする試みが明るみになるかもしれません。

あなたと元夫・元妻が同じ時間に同じ場所にいるとき、互いにどこに立っているか、それは誰の選択によるものかに注意を払ってください。そして、元夫・元妻が子どもに裏切り行為を促すパターンが見られるかどうか、その状況について日記に記録してください。もし常にあなたを遠ざけようとしているならば、意識的に試しに相手の近くに立ってみるのはどうでしょうか（友好的、協力的、親密感をもって距離を縮められる場合に限ります）。そうすることであなたに何が起きるか、子どもの助けになるかを確かめるのです。元夫・元妻があからさまに遠のくならば、――場合によっては、それが子どもをもっと難しい状況に追い込むにもかかわらず、お構いなしに遠ざかるなら、あなたと距離を置こうとしていることは明白です。ここでは自己意識を持つことがきわめて重要です。なぜなら、子どもが元夫・元妻のところに真っ先に駆け寄る理由を、**あなた**が提供している可能性があるからです。子どもの行動を誰が駆り立てているのかを見定めるために、自分自身をよく見つめてください。とりわけ、あなたと元夫・元妻が同席しているときは、自身の行動に自覚を持つことが重要です。信頼できる友人に元夫・元妻とのやりとりを観察してもらい、客観的な意見をもらうことを考えてもよいでしょう。あるいは、元夫・元妻、子ども、自分が揃ったときに何か不快なことを自分がしなかったか、子どもに穏やかに尋ねて、さりげなく話し合うこともできます。これは子どもの指示通りにあなたが行動するためではなく、子どもの視点で物事を洞察するためです。そして、このときは元夫・元妻を中傷しないように気をつけてください。

子どもが生活上の重要な場面からあなたを排除しようとする場合、それが強制されたものかどうかはすぐわかるでしょう。子どもがわざわざ、「自分の」意思でそうしていると、会ったとき、あるいは電話やメールで伝えてくるからです。

子どもが偵察しているかどうかを確かめることは、非常に難しいかもしれません。しかし、机の引出しやメールがチェックされたかもしれないということが気配でわかることはあります。あるいは、スマートフォンであなたの持ち物、室内、ペット、友人の写真を撮り、送信している場面を目撃するかもしれません。あなたの行動、持ち物などについて報告しているひそひそ声を漏れ聞くかもしれません。ただし、子どもが自分自身の好奇心からそうしている場合もあることを覚えておきましょう。元夫・元妻が扇動し（そして、それによって情報を得ている）ケースに限り、スパイ行為は忠誠葛藤の反映と言えます。

同じように、子どもがあなたに隠し事をしているどうかを知ることも、たいてい簡単ではありません。あなたが知る権利のあることや、言ってくれたら助かるのにと思うことですら、後になって隠されていたと気づくかもしれません。多くの場合、子どもは悪いことは何もしていないと言い張るか、**あなた**を責める方法を見つけます。「あんたが嫌な奴じゃなかったら、ちゃんと言ってたわ」と吐き捨てることもあり得るのです。問題を複雑にしているのは、子どもは秘密を持つことができるし、持って当然だという事実が存在するからです――子どもは必ずしも考えていること、気持ちのすべてを親と共有する必要はありません。元夫・元妻と子どもが、面会交流に関連する情報、健康や福祉の情報など、あなたが知る権利のあることを隠す場合に限り、秘密を作ることは忠誠葛藤の判断指標となります。

エクササイズ8・1 元夫・元妻は子どもにあなたの信頼を裏切れとけしかけているか？

離婚後に元夫・元妻がどれぐらい頻繁に以下のような行動をとっているか、チェックしてください。

	まったくない	時々ある	頻繁にある
子どもに面会交流するかどうかを選ばせる			

子どもにあなたに対する拒絶を強制する			
情報を得るために、子どもにスパイ行為をさせる			
あなたが知る権利のあることを隠し、子どもに秘密を守らせる			

よくある有害無益な応答

元夫・元妻が子どもにあなたの信頼を裏切れとけしかけているならば、以下の二つの反応は避けてください。

・子どもに怒りをぶつける。
・間違いに焦点を当てる。

信頼を裏切られたときにやってしまう間違った行動は、子どもに怒りをぶつけることです。これはとても陥りやすい罠です。**子どもが**元夫・元妻を積極的に選び、あなたを拒絶し、スパイ行為をしたあげく、知らせるべき情報を隠したので、そうしたくなるのも当然でしょう。しかしながら、怒りや不満をぶつけると（そして、子どもの内面ではなく、外面的な行動に反応すると）、あなたは、安心感を与えてくれない親、愛情のない親、話を聞いてくれない親という元夫・元妻の有害なメッセージそのままの存在として、決定づけられてしまうのです。怒鳴り散らしたり、キャビネットのなかの書類をあさられたとき、コンピューターを盗まれたときに警察を呼んだり、秘密を作られたときに一ヵ月の外出禁止を言い渡したりしたら、そこであなたは、元夫・元妻が仕掛けた罠に陥っているのです。あなたが子どもに怒りをぶつけると、子どもが自分の行為を正当化することに拍車をかけてしまいます（「ママは正しい──怒るパパって、本当にウザい」「パパは間違いなくあの書類を隠していた。私は取り戻せて嬉しい」など）。あなたが親であればそうするであろう典型的な流儀で応答し、これまで許していたことを一時的に禁止したり（たとえば、一週間外出禁止にする、など）、ゲーム機やスマートフォンといった大事な持ち物を没収したりしても、悪意ある元夫・元妻が罠を仕掛けていなければ問題はまったくなかったに違いありません。しかしながら、今や型どおりの罰を与えることすら、子どもの態度の硬化につながるのです。

あなたがネガティブな反応を避けるべきもう一つの理由は、自分を傷つけた相手を中傷したり、けなしたりするような悪いお手本を子どもに見せないためです。傷つけられたときに子どもにきつく当たったら、お前もそうしろと教えているようなものです。そうでなく、自分を傷つけ失望させた相手にも、穏やかで愛情ある論理的な方法で応答することは可能であるということを、示してください。衝突や不一致があっても、相手をけなしたり、見下したりする必要はありません。子どもの「悪い」行動にも丁寧に応答し、子ども自身がとるべきあなた（や他人）への理想的な応答の、お手本を示すのです。

また、あからさまに無礼な態度を見せること、元夫・元妻への心得違いの忠誠心を示す子どもに、落胆し、意気消沈することも避けてください。相手が面会交流を制限し、親子の交流を断絶させせんとして電話をとらないといった行為で戦争を仕掛けてくる上に、子どもが積極的に相手の味方になる姿を見て、何もかもあきらめたくなるかもしれません。子どもがあなたの信頼を裏切り、道徳に反した行動を正当化するのを見ると、とても困惑するはずです。あなたは、子どもがすでに自分の愛情を感じられないほど遠くに離れてしまい、善悪の区別もつかなくなったと思うかもしれません。あるいはすでに子どもを失ってしまったように感じるかもしれません。あなたと同じ経験をした人たちは、子どもと引き離されることがこれほど生きる気力を失わせるなんて、と口を揃えます。子どもに道徳を教えることに影響力を持つのが元夫・元妻しかいないのは、たまらないことでしょう。しかし、あなたがあきらめると、子どもは「愛されていない」という有害なメッセージを信じてしまいます。親子の絆を諦めたくないならば、内なる強さを奮い立たせ、愛情、智慧、慈悲の態度で子どもに応答しなければならないのです。

推奨する応答方法

穏やかに愛情のある応答を返すために、第3章と第4章で紹介したポジティブ・マインドフル・ペアレンティングのテクニックを使ってみましょう。

私メッセージ

スパイ行為をされたり、秘密を作られたりしたときに、どのような気持ちになるかを伝えると、子どもの態度がよくなり、あなたの気持ちもおさまります。注意深く自制心を失わないようにしながら、子どもの年齢と発達段階を念頭に置いて、慈悲の心で気持ちを伝えましょう。穏やかに丁寧に話してください。傷ついたこと、悲しかったこと、怒ったこと、失望したことを言い過ぎないように注意してください。自己肯定感を削ごうとしていると受け取って、多くの場合、子どもは腹を立てます。一方で、あなたが弱く、依存的で、傷つきやすい人間だと思えば、子どもは嫌悪感を持ち、不安になり、これは自分を操作する試みに違いないと捉えるかもしれません。

以下は、効果的な私メッセージの例です。私メッセージの後に、次はどうしてほしいかを丁寧に、かつ明確に要求することを忘れないようにしてください。

・「家にいないときに、机を荒らされて、私は困惑している。今度、私のものを見たいと思ったときは、ちゃんと申し出てほしい」
・「あなたが新しいダンススクールに変わったことを隠していたので、私は傷ついたし、スケジュールを確認するために前の教室に電話してしまって、困ったのよ。私が持っている情報が間違っているなら、教えてくれると私、助かるわ。ありがとう」

一つ目の例にあるように、子どもがスパイ行為をしていたら、知りたいことは直接あなたに尋ねるように言ってください。スパイ行為など不要だということ、隠し事は何もないことを示すのです。しかしながら、伝えることが不適切なものもあると指摘してください。そして、子どもがその理由を考えられるか確かめてください。たとえば、「今度、何かを見たいと思ったら、私に尋ねてね。見せてもいいと思ったら、喜んでそうするからね。見せられない場合はちゃんと理由があるの。それがどういうもので、その理由は何か、わかるかしら?」。説得されて、ではなく自分で考えて導いた答えは納得しやすいでしょう。しかしながら、プライバシーに関する情報や裁判に関する情報は見せられないと、あなたが説明することが必要です。

思いやりを育てる

あなたの信頼が裏切られたことについて、親子の関係について、子どもと話し合うときは、あなた自身が尊重や思いやりを示すことによって、子どもの尊重や思いやりを育ててください。あなたが冷淡で、辛辣で、懲罰的な態度に出るならば、子どもは会話が険悪だったということだけを覚えて、スパイ行為や隠し事はやめてほしいと言われたことは記憶にはとどめないでしょう。私メッセージの後に、道徳心や思いやりを育てるポジティブな言葉を続けると効果的です。たとえば、「私があなたを大好きな理由のひとつは、人の気持ちに配慮するところよ」と言うのです。そして、子どもの生活場面から例を見つけてください。「私が疲れ果てているとき、洗濯物をたたむのを手伝ってくれることがあるわね。そんなあなたを誇りに思うのよ。だからこそ、私が（スパイ行為をされて、あるいは隠し事をされて）どのような気持ちになったかを今、伝えているの。あなたが人の気持ちに配慮できることを知っているから」

◆ヒント：思いやりを教える

生きとし生けるものすべて（あなただけではありません）に対する思いやりを育てる上で効果的な方法を以下に示します。そうすれば、自分は思いやりある人間だというアイデンティティを子どもは持つでしょう。思いやりを行動に移すことができるようになればなるほど、そのアイデンティティがより重要なものになっていくので、裏切りが減っていくでしょう。

・あなたが子どもに思いやりを示す。
・あなたが周囲に思いやりを示す。
・子どもを年齢相応のボランティアやチャリティに参加させる。
・恵まれない人に、古着やいらなくなったおもちゃを寄付することを子どもに促す。
・倫理的ジレンマについて話し合う――レジ係がお釣りを間違ってたくさんくれたらどうするか、なぜウェイトレスにチップをあげるのか、古くなった衣服をどうするべきか、なぜ身体障がい者用の駐車場に車を停めてはいけないのか、食べ残した物はどうするべきか、といったことを話し合う。
・誰かに優しくしてもらったときに、どのように感じたかを話し合う。
・子どもが周囲に配慮や思いやりを示したときに、褒めたり、励ましたりする。その体験から、子どもは自分のアイデンティティの中核に配慮と思いやりを組み込みます。
・子どもの目の前で、他人に思いやりを示した人を褒める。

他の方法も知りたければ、『穏やかで思いやりのある子ども：ハンドブック』（ダーモンド、２００７：*Calm and Compassionate Children: A Handbook*, Dermond, 2007）を参照してください。

一緒に問題解決を目指す

子どもがあなたが知るべきことを隠したとき、秘密には種類があるということを話し合う必要があります。その際、君を個人として尊重しているので、日々の考えや気持ちを聞けたらとても嬉しいけれど、すべてを話してもらうことは求めていないと説明してください。あなたが知らなくてもいいと思っている情報や出来事は何なのかを考えさせてください。たとえば、友だちとのケンカ、悲しい気持ちになった小説、あなたへのサプライズ・パーティーの計画などが該当するでしょう。それらを話さなくてもあなたが傷ついたり腹を立てたりしない理由を考えさせてください。それから、秘密にすべきでは**ない**情報についても考えさせてください。うまくいけば、テストの成績が悪かったこと、胃が痛いこと、ものすごく悲しい気持ちであること、万引きしたこと、学校でいじめられていること、などを例としてあげてくれるでしょう。それらの情報を秘密にすべきではない理由を話し合ってください。秘密が人の気持ちを傷つけ、不都合を生じさせることに加えて、親としての役割に焦点を当て、親が子どもの福祉に関する情報を知っていることの重要性を説明してください。知ることによってよい親になれるということをわかってもらうのです。以下のような質問を投げかけるといいでしょう。

・「算数の成績がよくないことを私が知らないと、勉強のサポートが難しいのはわかるかな？」
・「いじめられていることを私が知らなかったら、どうやって守れる？」
・「スケジュールが変更されたことを知らなかったら、どうやって二人で過ごす計画を立てればいいかな？」

こういう聞き方をすることで、知るべき情報を秘密にされると、助けて守ることが難しくなるのだ、と伝えることができます。できるだけ、自分がこうしたいと思うことではなく、子どものニーズに焦点を当てるようにしてください。

ここでも、子どもを操作していると元夫・元妻を責めず、一緒に問題解決を目指すことを強調し、穏やかな口調で話すことが重要です。説教や叱責は子どもが腹を立て、あなたのメッセージを無視する要因となります。ここでは、秘密にしてよい情報は何かについて穏やかに話し合うことが目標なのです。この作業は、必ず子どもの未来のために役立ちます。成長するにつれて、子どもは周囲から秘密にすべきではない様々な情報を聞かされ、秘密にしろとプレッシャーをかけられることが増えていくからです。

話し合い（秘密、スパイ行為、信頼を裏切る行為についての話し合い）のときは、子どもの気持ちに真剣に耳を貸すことが必要です。子どもは、あなたへの同意は、（あなたを裏切らせようとした）もう一方の親への裏切りのように感じているかもしれません。それでも、この状況を作り出した元夫・元妻が悪い、間違っている、という点は一切示唆しないことが重要です（それが真実であろうとなかろうと、現時点では子どもに聞き入れてもらえないからというのが、その理由です）。話し合いをするときは、以下の二点を伝えるように心がけてください。

・父母の離婚を経験した子どもが、どちらかの親を選ばなければならないと感じることは普通である。それは子ども、あなた、元夫・元妻の誰かが悪い、間違っている、ということを意味しない。

・この状況は解決できる。子どもが両親を愛し、両親から愛されるように、家族みんなで解決を目指すことができる。

たとえ元夫・元妻に共同で養育する意志がまったくないことを確信していても、それを指摘することは効果的ではありません――その代わり、あなたは、子どもが両親を愛し、両親から愛されることを願っている、元夫・元妻も同じように思っていることを願っている、と伝えてください。

道徳心を育てる

あなたの信頼を裏切る行為に対するポジティブ・ペアレンティングのアプローチは、ほかにもあります。それは、自分には道徳心があるというアイデンティティを子どもが持てるように助けることです。思いやりは、裏切り行為をしない情緒的な動機になり、道徳心は知的な基礎となります。道徳心は、子ども時代にしか学ぶことのできない善悪の基準です。それゆえ、思いやりと同じように、子どもとの日常会話をとおして、道徳的な信念体系を育てる種を植えることや、その信念体系を支える環境やコミュニティを作ることができます。

◆ジョセフソン倫理研究所による品性の六つの柱

ジョセフソン倫理研究所（2013）によると、道徳的な意思決定と行動を促進する品性には六つの柱があります。

（1）**信頼性**：ごまかさない、嘘をつかない、騙さない。誠実である、人から頼りにされる、誠意がある。
（2）**尊重**：他者を尊重する。多様性に寛容である。丁寧で、礼儀正しい。
（3）**責任感**：自分がすべきことをする。自己制御ができる。自制心があり、自分の選択に責任を持つ。
（4）**公平性**：規則に従う。順番を守り、〔チャンスを〕分ち合う。
（5）**配慮性**：優しくて思いやりがある。感謝と寛恕（かんじょ）がある。必要に応じて他者を助ける。他者のニーズや気持ちを考える。
（6）**市民性**：職務を果たす。まわりにとってよき隣人でいる。法律や規則に従う。権威を尊重する。

あなたは日常生活でこの品性を発揮し、手本となるように最善を尽くし、子どもに自分も身につけたいと思わせましょう。子どもがこうした品性を示したら褒めて励ましましょう。

子どもへの思いやりの心を育てる

裏切り行為にあったあなたは、自分の人生に心痛と苦悩をもたらした子どもを加害者と見なしたくなるかもしれません。しかし、被害者として自らを位置づけると、ポジティブ・マインドフル・ペアレンティングを活用することが難しくなります。そんなときは、思いやりと愛情をもって子どもと接するために、ネガティブな気持ちを乗り越える方法を見いだすことが効果的です。以下はそのいくつかの提案です。

第一に、元夫・元妻が、**あなた**を自分に従わせようと操ったときのことを思い出してください。そうすれば、同じようなプレッシャーを経験している子どもに共感できるはずです。自分が元夫・元妻と恋に落ち、家族を築き、一緒にいた理由は何でしょうか。それを思い返せば、子どもが今経験している〔引き裂かれる〕苦しみもより理解しやすいでしょう。

第二に、子どもにとってあなたがどれだけ重要な存在であるかを思い出してください。あなたを失った悲しみや、あなたとの関係を奪われている子どもの悲しみを感じてください。一緒に過ごす時間や、あなたに育てられ、様々なことを教えられ、慰められる機会を手放さなくてはならないのは、どれだけ悲しいことかを考えてください。どれだけ無感動で冷淡にあなたに接しても、子どもが本当に求めているのはあなたとの関係なのです。

第三に、子どもの喪失感を理解するために、自分自身が子どもだった頃のことを思い出してみましょう。両親がどれだけ重要な存在だったかということ、自分の生活のあらゆる場面に両親がいたことを思い出してください。すべての子どもが両親に愛されたいと思っていることを思い出してください。そして、愛されたいと思っていないと自分自身に嘘をつくよう仕向けられ、我が子が操られていることも思い出してください。子どもにとって両親がどれだけ重要な存在かということを忘れないために、あなたがかつて両親にそばにいてほしいと思った出来事について考えてみてください。

エクササイズ8・2　両親があなたを褒め、励ました方法を参照する

両親はあなたをどんなふうに褒めましたか？　その方法を思い出すために、以下の項目について考えてみてください。できれば、自分の子どもと同じ年齢の頃のことを振り返ってください。以下の空白部分、あるいは日記やノートに、各項目にあてはまる思い出を書き出してください。

成績を褒められたり、励まされたりした場面

課外活動を褒められたり、励まされたりした場面

友だちとの関係や人間関係を褒められたり、励まされたりした場面

親戚との関係を褒められたり、励まされたりした場面

必要な経済的支援や助言をしてくれた場面

その他

第四に、カルト集団やギャングのリーダーの言いなりとなり、友人、家族、収入、キャリアを捨て、仲間になった人々のことを想像してみてください。大の大人がそうしたリーダーの言いなりになるぐらいなので、実際の親にプレッシャーをかけられると抵抗がもっと難しいことは想像に難くありません。

第五に、あなたにもしその経験があるならば、自分が子どものとき、両親に刃向かうことがどれだけ困難だったか思い出してください。母親、父親、あるいはその両者を喜ばせるために、（やりたかった趣味、一緒にいたかった友人とつきあうこと、望んだ教育やキャリアを）あきらめたことを思い出してください。多くの人は、両親を喜ばせるために、後悔の残る犠牲を払ったことが何度もあるはずです。そのような記憶が我が子への共感を助けます。

第六に、状況に翻弄されたり、両親や配偶者以外の誰かにプレッシャーをかけられ、操つられ、騙された過去を思い出してください。たとえば、悪いとわかっているのに、友人が自分にやらせようしたことはありませんか？　人生のどこかの時点で、仲間のプレッシャーに屈して、自分の理想や道徳的価値観を裏切る行為をしたことはありませんか？　あるいは、宣伝にまどわされて、このブランドの服やこの炭酸飲料水を手に入れれば、友だちに恵まれ、幸せになる、と簡単に信じてしまったことは？　スーパーマーケットで、単純にパッケージに惹かれて、栄養表示や値段も見ないまま何も考えずに商品を買い物カゴに入れたことはありませんか？　お金もないのに、広告を見て、必要でないものや欲しくもない商品を買ったことはありませんか？

こうした項目について考えると、そうだ、あの子は子どもだったんだ、と思えるでしょう——子どもは元夫・元妻のプレッシャー（あなたを裏切らせようとするプレッシャー。これによって自分自身を裏切ることになる）を跳ね返す成熟した認知をまだ持てず、内なる強さや特別なスキル（たとえば、クリティカル・シンキングや自己主張のスキル）も手にしていないのです。

加害者に見える子どももまた被害者であることを忘れないために、以下のように考えてみましょう。

・娘は、私に算数の宿題を手伝ってもらうことを本当は望んでいるのに、それができない。宿題を手伝ってもらわないと、成績は芳しくないだろう。

・娘は、この三ヵ月間、私とおやすみのキスをしていない。すごく寂しがっているに違いないわ。

・息子は、私に愛されていないと信じ込まされている。すごく傷ついているに違いない。いったい息子は将来どのような父親になるのだろうか？

・可愛い娘は、もう私を信じていない。一緒に車に乗ることを不安がる。その怖れに現実的根拠がないので、娘は混乱しているに違いない。

・子どもは無作法でぞんざいに人と接してもよいと教えられてしまった。周囲に対してこのような態度で振る舞ってしまったら、どうやって友だちを作れるかしら？

・娘は、母親のことしか気にかけない。健全な人生を送るために、娘は母親離れできるだろうか？

エクササイズ8・3　子どもが元夫・元妻に払った犠牲を考える

子どもが元夫・元妻を喜ばせるために払った様々な犠牲について考えてみましょう。たとえば、友だちとの関係や趣味をあきらめたり、好ましくないことを身につけたり、重要なときに自分自身の心に従わなかったりしてはいないでしょうか？

表の上の空欄に子どもが払った犠牲を書き込んでください。下の空欄には、あなたが考える、その犠牲が子どもに与えた悪影響を書き込んでください。複数の子どもを共同養育しているならば、それぞれの子どもについて別々にエクササイズをやってみてください。

子どもが払った犠牲	子どもへの悪影響

子どもに腹が立ったり、イライラしたときには、この表を見なおすことが助けになるかもしれません。これを念頭に置いておけば、慈悲の心と誠実さを失わずに、子どもの裏切り行為に対応できるでしょう。

子どもを罰するのは、問題行動に焦点を当てて話し合った後に限るべきです（論理的帰結における「四つのR」：関連させること（related）、妥当性を持つこと（reasonable）、知らせること（revealed）、尊重することを（respectful）を思い出してください――第4章を参照のこと）。信頼を裏切ったおまえは悪い子だと示唆することは避けてください。あなたが意図せずに、あるいは、偏見や不正確な情報が原因で、誰かを裏切ってしまったときのことを話して聞かせるとよいかもしれません。どのように感じたか、相手にどのように感じさせたか、その経験からあなたが学んだ教訓について語ってください。また、子どもを愛していること、尊重していること、子どもがきちんとふるまえると知っていること、行動が改善される日を楽しみにしていることを伝えてください。よい部分を引き出すよう励ましてください。そうすると、子どもはあなたを喜ばせるために、最良の自分でいようと努力を続けるでしょう。

結び

元夫・元妻は子どもがあなたの信頼を裏切る状況を作り出すかもしれません。子どもにスパイ行為をさせたり、秘密を作らせたり、面会交流しないことを選ばせたり、生活の重要な場面から排除することで、あなたを拒絶させるでしょう。子どもはこうした行動を正当化するために、裏切り行為の原因はあなたにあると責めるようになります。あなたは裏切りに値すると思い込んでしまえば、罪悪感を抱かなくて済むからです。しかし、子どもも被害者であることを忘れないでください。信頼を裏切らせようとするプレッシャーを跳ね返せるように、慈悲の心や道徳心を育てることを試みてください。そのためには、あなたが思いやりをもって子どもに応答することが大切です。

第9章 元夫・元妻が親権を侵害し、子どもを自分に依存させようとするとき

元夫・元妻は、あなたの親権には効力はない、子どもの自我や幸福の形成に自分の承認は不可欠だ、という二重のメッセージを吹き込み、自分の意向、承認、権限だけが重要であると子どもに思い込ませるため躍起になっています。言い換えると、あなたの親権を無視させることによってあなたの権利を侵害し、自分が単独親権者であるかのように思わせ、子どもを依存させるのです。子どもは元夫・元妻が喜ばないと不安に感じます――たとえ、それがあなたに無礼に振る舞うことや、自分自身を裏切ることを意味していても。元夫・元妻との関係を守るために、機嫌を損ねるすべてのことをあきらめようとするでしょう。本人にとって最悪の運命、すなわち承認を得られなくなる事態や拒絶を避けるために、です。

この章では、元夫・元妻があなたの親権を侵害し、子どもを自分に依存させようとするときに使う特定のテクニックについて、また、そうした行為があなたの親子関係にどのように影響するかについて学びます。加えて、あなたに何ができるかについても考えていきましょう。

親権の侵害

元夫・元妻は、子どもがあなたと一緒にいるときに守るべきルールをつくることで、親権を侵害しようとするかもしれません。たとえば、あなたが何かを食べさせようとしたり、服を着せようとしたり、遊びや何らかの活動に誘ったりしたときに、「ママ（パパ）が、それを（食べたら／着たら／やったら）ダメと言ったから」と、子どもにきっぱり拒否させるのです。明確な根拠のないルールもあります——健康や安全・安心を害するわけでなく、専門家にそうすることが必要と言われたわけでもないのです。子どもは、あなたの意向や要望を聞き入れることなく、ルールを一方的に宣言し、どのような犠牲、不便、不都合があっても、それに従います。以下は、元夫・元妻が独断的にルールを押しつけた例です。

・父親が、娘に、「○歳までは足のムダ毛を剃ってはいけない」と命令していた。
・母親が、外食時以外、父親の家にいるときでさえ、「食物アレルギー」を理由に、息子の食事を制限していた（食物アレルギーを医学的に指摘されたことがないにもかかわらず）。

あるいは、合意したルールを無視することで、あなたの親権を侵害する方法もあります。たとえば、息子にはPG−13（一三歳未満が鑑賞する場合は保護者の強い同意が必要）の映画を見せないと合意していたにもかかわらず、元夫・元妻が勝手に映画に連れて行き、「楽しませないなんて、あなたは頭が固い」と非難するのです。すると息子も、あなたが何らかのルールを守らせようとするたびに、「頭が固い」（受け売りの脚本）と非難するようになります。

また、あなたが望まないもの、あなたの価値観に反する物を、わざわざ子どもに持たせて、親権を侵害することもあります。ある父親は、娘のために、母親の家で見るためのテレビを買いました――母親が娘にテレビを見てほしくないことを知っていたため、わざとそうしたのです。元夫・元妻は、あなたが家で娘と一緒にいるとき、玄関にブラウニーを置いていくかもしれません。あなたが甘い物を制限しているにもかかわらず、娘のために、そうするのです。あるいは、あなたが不適切だと思う服を子どもに着せて、あなたの家に送り返すかもしれません。

子どもが元夫・元妻に電話であなたの家のルールや罰則規定に不満を言い、元夫・元妻が同情を示すなら、それも親権侵害です。そんなものは馬鹿げていて厳し過ぎると応答するとしたら、それは、ルールの順守ではなく、むしろ拒絶を奨励しているのと同じです。決まりごとやしつけの無視をあからさまに促し、不適切で無価値だ、と思い込ませているのです。子どもは、あなたが教えようとしている教訓ではなく、あなたの親権は効力がないということを学ぶでしょう。

子どもの年齢が高く、面会交流のスケジュールの選択が法的に本人に許されている場合、元夫・元妻は別の方法で親権を侵害するかもしれません。子どもに罰を科したり、宿題や家事などの役割を果たすことを求めたとたん、元夫・元妻が迎えにやってきて、子どもを「救出」し、事実上、面会交流を終了させるのです。子どもはあなたが強制手段を持たないことを知っています。あなたと一緒に過ごさない選択が法的に許されているからです。そうなると、あなたは責任感を持たせようとしつけることが、できなくなってしまいます。

似たような方法ですが、子どもに身につけてほしい行動を促すあなたの努力を、元夫・元妻が台無しにすることもあります。たとえば、あなたが子どもに「二週間かんしゃくを起こさなかったら、新しい靴を買ってあげる」と約束したとします。しかし、自己コントロールをする努力をする前に、元夫・元妻が靴を買い与えてしまえば、すべては水の泡です。そうやって、あなたからの報酬は価値がないと子どもに伝え、努力を放棄させるのです。こういう場合も、あなたの親権が侵害されているといえます。

また、話し合いなしで、あるいはあなたの承認なしに、転校させたり、キャンプに行かせたり、セラピーを開始したり、課外活動に登録したりすることも親権侵害です。こういった行為は子どもに、あなたの意見は必要ない、あなたは自分の健康、福祉、幸福と関係ない、というメッセージを送ることになります。

子どもの特別な日に関与する当然の権利を乗っ取るのも、親権侵害にあたる行為です。たとえば、多くの母親は、年頃になった娘とはじめてのブラジャーを買いに行くことを考えているでしょうし、多くの父親は、成長した息子に髭剃りを教えるのは、当然ながら自分の役目だと思っています。特別な理由がない限り、元夫・元妻はこういったあなたの特権を尊重すべきなのです。これはある家族の例ですが、継母が五歳の娘をつれてブラジャーを買いに行きました。明らかに、実母を落胆させ、「子どもの人生において私が中心的な役割を果たす人物だ」と誇示するための行為です。

あなたの価値観、規範、信念、ルールといった物事を、けなし、無視することは、あなたが親として不適格であり、少なくとも迷惑な存在である、というメッセージを子どもに伝えることになります。そして結果的に、自分こそが親権者として適格である——事実上、唯一の親権者である——ということも伝えているのです。元夫・元妻は子どもに親権**それ自体**を無視させるわけではありません。あなたではなく自分を尊重させるために、**あなた**の親権（そして、愛情を競い合う人物の影響）を妨害したいのです。親権侵害に加えて、元夫・元妻は自分の影響力を明確に及ぼすために、依存心をあおるような行動に出ます。

子どもの依存心をあおる

元夫・元妻は、自分の持つ特別な知識や見識を子どもにひけらかすかもしれません。また、子どもを本当に愛し、理解しているのは自分だと思わせようとするかもしれません。あるいは、

「私がいなかったらどうする？」と弁舌巧みに、絶え間なく問いかけるかもしれません。自分を救世主のように思わせたい場面で特有の行動があります。それは以下のようなものです。

・自分が正しく行動し、子ども（あるいは、あなた。もしくはその両者）が間違った判断をした出来事について指摘する。
・自分が子どもを守った、あるいは正しい方向に導いたと言い張り、事実の書き換えを行う――たとえば、コンテストに参加しないように子どもを説得し、その後、落選して傷つかなくてよかった、私は子どもを守ったと主張する。
・お前の「本当の」友だちは誰なのか私にはわかると言い張り、自分が子どもを傷つけると思いこんだ相手と縁を切らせる。

子どもは、人生のあらゆる場面で元夫・元妻の助言に従い、自分を守って導いてくれる力、素晴らしい見識、愛情に感謝しなければならないというプレッシャーにさらされかねません。特別な役割を果たす親に感謝すればするほど、子どもは心を奪われるようになり、さらに依存的になっていきます。一般的に、人に言わされたことでも、いつしか最初からそのように思っていたかのように語るようになりますが、子どもも例外ではありません。

元夫・元妻は子どものコミュニティに巧みに入り込み、影響力のある役職に就こうとします

――たとえば、スポーツチームのコーチになったり、学校行事のボランティアをしたり、PTAの役員になったり、といったことです（言うまでもなく、共同養育する親で、ボランティアやコーチをやる人すべてに悪意があるわけではありません。）。悪意ある元夫・元妻は、「これは人に感謝されない雑用仕事だ」と思ったことは、やろうとしません。子どもに自分の重要性を見せつけるために、周囲に影響力のある輝かしいポジションを求めるのです。

元夫・元妻は、我が子の愛情や注目をひく自分の競争相手と見なすと、スポーツチームのコーチ、グループ活動などのリーダー、教師、その他の権威的な立場にある人物をけなすことさえ厭いません。小馬鹿にしたニックネームをつけて、あざけり、その理由を説明するかもしれません。最悪だと思う部分に注目せよと子どもをけしかけ、冷淡に見下してかまわないと思わせるのです。子どもがほしいものを得られなかったら（たとえば、演劇で望んだ役になれなかった、チームのキャプテンになれなかった、など）、論理的あるいは合理的な結果ではなく、他人のせいだと断じる場合もあります。こうなると、子どもも自分を喜ばせてくれない人に腹を立てるようになります。同時に、将来的な成功に役立つとふんだ人以外を、喜ばせようとしなくなります。元夫・元妻は、子どもが表彰されるような手柄を立てたら自分の成果だと言いふらし、自分の指導と助力は「不可欠」だったと子どもに感謝されることを期待します。

また、カルト集団のリーダーと共通点を持つ元夫・元妻は、子どもの不安を煽るため、間欠強化〔報酬を毎回確実に与えるのではなく、頻度や程度を変化させる〕の技を駆使します（ベイカー、２００７）。愛情と承認を通常は惜しみなく与え、そして定期的に（さらにはときには警告も明確な理由もなく）冷淡な無関心を決め込みますが、これはシナリオどおりなのです。愛情を得られなくなると、子どもは必死で取り戻そうとします。人生の傷つきやすい時期に、元夫・元妻はこれからも忠誠を尽くすという約束を子どもから取りつけるわけです。自分と一緒に過ごす時間を増やすために、子どもにあなたとの面会交流を減らすことや、趣味や課外活動をやめることを要求するかもしれません。子どもは愛情を取り戻すと深く安堵し、以前にも増していびつな関係に傾倒し、取り込まれていきます。束の間、見捨てられる経験が積み重なると、元夫・元妻の顔色の変化に敏感になり、きまぐれに振り回され、再び嫌われたくないと怖れるようになります。

あたかも子どものエージェントや弁護士のように振る舞う親もいます。子どもに宿泊面会交流は早すぎるとか、スポーツの大会にあなたと参加することに本人は乗り気でないとか、あなたの運転する車に乗るのを不安がっているとか、特定の調理法のきまった料理しか食べたがらないなどと、様々な主張をしてくるでしょう。つまり、あなたよりもずっと子どもを理解しているかのように振る舞い、子どもがあなたには安心して考えや望みを伝えることができないと言い張るのです。このように、相手が仲介者になると、親子二人で話し合ったり、一緒に問題解決することが妨げられてしまいます。

ついには、元夫・元妻にとって好ましくない趣味や友だちを子どもから遠ざけるかもしれません。こうして親権を乱用し、自分にとって何が正しいか、何が楽しいかという主体感覚を踏み潰し、元夫・元妻がいないと酷い目に遭い失望に見舞われるという考え方を強化していきます。子どもは楽しいと思える趣味があっても、この人は親友だと思っても、その判断は間違っているに違いないと自分自身に言い聞かせるようになります。こうして元夫・元妻はクリティカル・シンキング（批判的思考）のスキルや、自己体験や自己認識に基づいて真実を知る能力を無力化し、子どもの依存心を高めていきます。

あなたの家族で問題が起きているか？

自分の影響力を無力化された親は、子どもをしつけることが難しくなるので、すぐに分かります。子どもはあなたのルールを無視し、元夫・元妻を喜ばせることだけに気を遣っているように見えます。あなたを喜ばせること、要求に応じること、あなたの家のルールを無視するのです。すっかりなめられて、何を言っても無駄だ、影響力を発揮できる手段はない、と感じるでしょう。

ちなみに、この状況と、青少年の発達段階特有の行動とを同一視しないよう気をつけてください。通常、少なくとも一度は、思春期になると、気性の激しい子どもなら「あんたの言うことなんか聞かない。言いなりになんかならない！」と叫び、ドアをすごい勢いで閉め、友人の家に駆け込み、自分の親がいかに最低か不満を並べたりするものです。よくある疾風怒濤の思春期と、忠誠葛藤に囚われた子どもの行動は違います。後者は、無礼で反抗的な態度を一方の親にだけ向けるのです。元夫・元妻が決めたルール、言いつけ、そして気まぐれな行動にはとても注意深く対応し（卑屈にとまでは言わないにしても従順に従い）、思春期に典型的な自立と反抗のドラマは決して展開されることがありません。

進んで従おうとする姿を見て、あなたは子どもが依存していることを理解するでしょう。子どもは元夫・元妻を喜ばせることならば真っ先に何でもやろうとするのです。

エクササイズ9・1　元夫・元妻があなたの親権を侵害し、子どもを依存させようとしているかを知る

元夫・元妻は、どれぐらい頻繁に以下の行動をとっていますか？　空白部分をチェックしてください。

	まったくない	時々ある	頻繁にある
あなたの家にいるときにすべきこと、してはいけないことのルールを、子どもに押しつける			
あなたのルールやしつけを馬鹿にする			

あなたのルールやしつけを守る子どもに同情する			
子どもが生活のなかで出会う、権威ある人物をけなす			
その他			

よくある有害無益な応答

元夫・元妻が親権を侵害し、子どもの依存心を高めようとしているならば、以下の二つのことは避けるべきです。

・今この瞬間あなたが抱いている子どもへの愛情を失い、子どもを受け入れるのをあきらめること。

・子どものすべての選択が元夫・元妻の操作によるものだと推定すること。

前者は最もやってはいけないことのひとつです。子どもはあなたが望んでいたありようと違っているかもしれません。もしかしたら、本人の意見や態度が捻じ曲げられ、風貌さえも変えられてしまったかもしれません。元夫・元妻が本来とは別の道を進ませているかもしれません。また、強いプレッシャーを受けて、大好きだった習い事をやめてしまったかもしれません。あるいは、以前は成績がよかったのに、元夫・元妻が学習法や進路選択に介入したせいで、成績不振に苦しんでいるかもしれません。思いやりを失って、口うるさい冷淡な子どもになってしまったかもしれません。しかし、たとえ人格や人生の進路を変えられていても（また、自分の意思で変えていても）、今この瞬間の我が子をありのまま受け入れることが大切です。失ったイメージにこだわることは、目の前にいる子どもを失うことを意味します。子どもは失望を感じとり、現実の自分を受け入れないあなたに腹を立てるでしょう。そして、自分を落ち込ませる面会交流を避けるようになります。

習い事、友だち、あなたについて語る不満のすべては、本人の主体的な考えや気持ちの表現ではない、あの子は操作されたに違いないと推定することも、同じように問題があります。そのように捉えてしまうと、子どもの気持ちに応答できなくなります。体験を語ったところで意味なんてない、と子どもに思わせてしまうでしょう。

推奨する応答方法

元夫・元妻が親権を侵害し、子どもを依存させせようとしているときも、ポジティブ・マインドフル・ペアレンティングのテクニックを使うことができます。

クリティカル・シンキング（批判的思考）のスキルを育てる

子どもが習い事をやめる、友だちと縁を切る、好きだったことに興味がなくなった、などと宣言したとき、元夫・元妻を喜ばせるためにそう言っていると確信できるならば、それが決着済みの結論となる前に、子どもと話し合ってください。どれだけで好きで、どんなに喜びと楽しさを味わったか、またそれを続ける意義、今やめることの不利益などを指摘するといった、ありていの説得は、全部忘れてください。代わりにすべきことは、とても穏やかに、変更を迫らないフラットな態度で、考えや気持ちを聞かせてほしいと語りかけることです。子どもは、習い事、友人、好きだった事についての自分の選択や不満の「理由」をうんざりするほど並べ立てるでしょうが、子どもの視点で理解するために積極的傾聴を心がけてください（第4章参照）。もし、子どもの言うことに何の意味も見いだせなかったら、クリティカル・シンキングのスキルを活性化させるために、以下の「ソクラテス的アプローチ」と呼ばれる手法を試してみてください。

・「〔友だちのサリーと縁を切りたいという子どもに〕サリーは、あなたの不満に対して何て言うかしら？　彼女の言い分はどうだろう？」
・「つまり五年間練習してきたトロンボーンをあきらめたいんだね。もし、友だちが大好きだった習い事をあきらめようとしていたら、君ならなんて言うかな？」
・「あらゆる角度から検討して、そうした場合のプラスとマイナスをリストに書き出してみようか？」
・「あなたは賢い子だから、物事をじっくり考えるのが好きだと知っているわ。結論に至るまでにどんなことを考えたの？」
・「音楽の先生は、どういう理由で、クラブをやめるべきではないって言っているの？」
・「あと一ヵ月待って、それから決断したら、どうなるかな？　そのときどう感じていると思う？　違う気持ちになっているかもしれないってこと、想像できるかな？」
・「正しい選択だったと思える状況って、何だろう？　何か思いつく？　友だちと縁を切らないために必要なことは何だろうか？」
・「今から五年後にどうなっていたい？　習い事をやめたとして、そのことがその目標に到達する助けになるかしら？　このことについてすごく考えたと思うから、ぜひ聞かせてほしいの」
・「習い事をやめる前に検討しておきたいことって、何だろうね？」
・「自分にとって正しい選択、よい決断をしていると思う理由を聞かせて。よい決断だと思った根拠は何かしら?」

こういったアプローチが子どもの結論を覆すかもしれません。ですが、たとえそうでなくても、あなたは、少なくとも熟考の過程、幸福をつかもうとする挑戦に深く関与したことになります。結論を変えさせようとして会話を打ち切ると、子どもは主体性を蔑ろにされ、あなたの考えを押しつけられたと感じるでしょう。そのことを、ぜひ念頭に置いてください——「どうせ、『希望どおりに行動したときだけお前を愛してやる』っていう話だろ?」と疑念を抱くのです。子どもの考えや体験に心から関心を示すならば、子どもは理解してもらえたと感じ、今後も人生の選択をする場面で、会話の扉を開いてくれるでしょう。

子どもを受容する

元夫・元妻による操作とプレッシャーの影響を受けた子どもがすでに決断してしまったならば、現時点でできることは何もありません。あなたに残された仕事は、不健全かつ不当な威圧にさらされていなかった昔とはすっかり違う人物になっていたとしても、今のありのままの子どもに愛情と受容を示すことです。

現在の子どもを受け入れるのは、あなたにとっては簡単ではないかもしれません。しかし、「我が子はこんなふうになるはずじゃなかったのに」という喪失感を乗り越える方法は、あります。そのひとつは、子どもが悲惨な交通事故に遭遇してしまったときの気持ちを想像することです。これは苦しいエクササイズですが、いまだかなわぬ期待にしがみついて霧のなかで立ち往生しているあなたが、道を見いだす助けになるかもしれません。まず、このような現状でも、子どもを愛し、受け入れることができるだろうかと自問してください。それから、子どもがカルト集団に連れ去られ、一〇年間洗脳されたと仮定してみましょう。それが子どもに取り返しのつかない変化をもたらしたとしても、あなたは愛し、受け入れることができるだろうかと自問してください。

そうあってほしいと願う道を子どもが進まない理由は、たくさんあります。悪意ある元夫・元妻による干渉はそのひとつに過ぎません。過去がどうであれ、タイムマシンでもない限り、あなたが子どもと関係を築く方法はひとつしかありません。すなわち、目の前にいる子どもとかかわることです。どれだけ悲しく、フラストレーションがたまっても、手持ちの札でプレイするしかないのです。

◆ヒント：子どもを受容する練習

ありのままの子どもを受容することは、大変なチャンレンジです。以下のエクササイズはあなたの感情に訴えかけますが、理想とどれだけ違っていても、子どもに愛情を持ち続ける助けになるでしょう。

・子どもへの愛情を思い出すために、常に自身に語りかける言葉を決めておく。たとえば、「私はありのままの子どもを愛している」など。

・ハリール・ジブラーン著『預言者』の「子どもについて」の章を読む（『ハリール・ジブラーンの詩』角川文庫ほか収録）。あるいは、スウィート・ハニー・イン・ザ・ロック（アメリカのアカペラ・グループ）が歌った「On Children（子どもについて）」を聴く（インターネットで見つかります）。ジブラーンの一節についてよく考えてください。「あなたの子どもはあなたの子どもではない。それはいのちが待ち望んでいた、いのちの息子であり娘なのだ」

・後悔や、希望をうしなった喪失感にのみこまれないために、現在に焦点を当てる他のマインドフルな活動に参加したり、瞑想したりする。

・あなたの子どもを、愛情と受容を求める、輝く無垢な赤ん坊としてイメージする。

・その価値を心から理解するために、子どもの性格のよい部分と長所に注目する。

エクササイズ9・2　子どもを受容し、理解する

複数の子どもを共同養育しているならば、それぞれの子どもについて別々にエクササイズをやってみてください。

以下の空白部分、あるいは日記やノートに、あなたが感心する子どもの長所と性質を列挙してください。

子どもにあなたが評価していることを示す、あなたらしい表現方法を列挙してください。

子どもを許す

悪意ある元夫・元妻と子どもを育てることは、数多くの侮辱的な行為に苦しめられ、数多くのフラストレーションを耐え忍ぶことを意味します。あなたの苦悩においては、ときに子どもが積極的な役割を担っているため、子どもがあなたを傷つけ、苦しめたことを許す必要があるかもしれません。これは簡単ではなく、自然にできるようになるわけでもないため、そうした状況下では、許す技を磨かなければならないでしょう。

許すことの目的は、あなたの苦悩を否定することや、あなたを傷つけた人を免責することでもありません。怒りや憤りに縛り付けられて動けなくなっている状態から、自分自身を解き放つことです。

◆ヒント：子どもを許す練習

心に響く、許しにまつわる格言を見つけてください。たとえば、「許すことは、愛情のもっとも高貴な美しい形である。返礼として、言い表せない平和と幸福を受け取るだろう」（ロバート・ミュラー）〔ミュラーはアメリカの法律家、司法官僚。第六代ＦＢＩ長官で、トランプ氏のロシア疑惑を捜査した特別検査官〕。その格言をベッドサイドに貼って毎日眺めましょう。

子どもが情緒的虐待のひとつである片親疎外の被害者であることを思い起こす。

子どもに対する怒り、苦悩のすべてを紙に書き出す。「手放す」行為の象徴として、その紙を箱のなかにしまう。

子どもに対する怒りや憤りを象徴的に手放すために、許しの儀式を執り行う。怒りを形の上で手放す行為であれば、何でもかまいません。怒りを紙に書き出し、その紙を燃やしたり、土に埋めてそこに花を植える、などでもよいでしょう。あるいは、子どもが目の前に立っていると想像して、声に出して「許す」と言ってみる。

スピリチュアルな視点を持った人なら、子どもだけでなく（結局、子どもは家族の悲劇の被害者です）、元夫・元妻（あなたの心痛と苦悩に根本的な責任がある相手）も許そうと思えるかもしれません。そうすれば、元夫・元妻があなたの人生のなかに投げ込んだ怒りとつらさから、自分自身を解き放つことができます。それを試みることに価値があるかどうかは、あなただけが知っています。もし許すことに意味があると思うならば、仏教の「慈悲の瞑想」が参考になるかもしれません（数多くのバリエーションがありますが、どれも相手が安心感を抱き、開かれた心を持ち、平和を感じることを願う瞑想です）。また、元夫・元妻が、不安、痛み、怒りを覚え、あなたを罰して、子どもをコントロールする必要があると考えるに至った出来事の経緯を振り返ることもできるでしょう。

心のなかで子どもを許す練習を常にしていると、子どもがひどい態度で振る舞っても、慈悲の心で応答することがより簡単にできるようになります。子どもがあなたに叫んだり、何かを投げ付けたり、侮辱したり、あなたの気持ちをないがしろにしたら、マインドフルなアプローチを試みてください。そのことで何を伝えようとしているのか尋ねるのです。たとえば、こんなふうに。

・「おもちゃを私に投げ付けることで、あなたは気持ちを私に伝えようとしているんじゃないかしら。言葉で言ってもらえたら、その気持ちを一緒に分ち合えるのよ」
・「一緒に決めたルールに従ってくれないと、ルールなんか重要ではないと言われている気がしてくるよ。今どう感じているのかな？　ルールが**ない**ってどんな感じだろう？　一緒に考えてみないか？」

子どもの**行動**を問題と捉えて応答するのではなく（たとえば、「なんて言い方するんだ、この野郎！」などと言うのは避けましょう）、強い絆を結ぶために扉を開いてはどうでしょうか。愛情と配慮を感じてもらえるように、心から語りかけてみてください。今度、子どもの「悪い」行動を指摘する機会でも（もしそうすることが重要と感じたときには）、常に私メッセージを役立ててください。

率直に「だめ」と言わなければならないときもあります。あなたは、子どもの反抗的なひどい態度や、片親疎外を増幅させてしまうのではないかと、ノーと言うのをためらっていないでしょうか。できる限り慈悲の心で、「だめ」と言う方法があります。

◆ヒント：「だめ」と言う方法

以下の例は、手厳しい印象を与える絶対否定の表現をつかわずに、ノーを伝える言い方です。

・子どもが映画に行きたいと言ったとき：「たしかに映画に行けたらいいと思うけど、今は無理だなあ」
・子どもがそり遊びしたいと言ったとき：「今度一緒にやろう。今は……の時間だよ」
・子どもが遊びたいと言ったとき：「お手伝いが終わったら、遊びに行っていいわ」
・子どもが寝るときに電気を点けっぱなしにして、と言ったとき：「点けっぱなしだと眠れなくなるよ？どうしてそうしたいのか教えてくれる？」
・子どもが今週は皿洗いじゃなくて別のお手伝いがしたいと言ったとき：「今週のお手伝いは皿洗いって決めたけど、次の家族会議でお手伝いの変更を議題にしましょうね」
・子どもが麺料理を食べたがったが、用意がないとき：「今ちょうど麺がきれているんだ。用意できる昼ごはんは……」

あなた自身が「だめ」と思う理由を明確にしてください。ちょっと変わったリクエスト、たとえば、朝ごはんに豪華な麺料理を食べたいとか、パジャマを一日中着ていたいとか、部屋を真っ暗にして懐中電灯で本の読み聞かせをしてほしい、といったことを子どもが求めることがありますが、それらをすべて拒否すべきだと思いこんでいる親がいます。しかし、頭ごなしに「だめ」と言う前に、自分の考えをよく検討しておくと、無駄な衝突や不快な気分を回避することに役立ちます。もし、否定する理由が思いつかないならば、子どもの学びと成長のために、提案を試してみる価値はあるかもしれません。もちろん、あなたは制限を加えることができます。たとえば、「そうしたらどうなるか試してみよう。そして、一週間後に話し合おう」など。その間に説得に適した理由が見つかるかもしれませんし、少なくとも再度話し合う機会を作ることができます。

一緒に問題解決を目指す

子どもはルールを理解できないと拒否することがあります。ルールの背景にある根拠を理解していない場合、元夫・元妻は子どもを説得し、簡単にあなたのルールに反抗させることができます。この問題を避けるために、子どもに一方的にルールを押しつけないようにしてください。ルールを作る理由を子どもに質問してください。たとえば、ゲーム、寝る時間、風呂に関するルールをもうける理由は何だと思う？　と尋ねるのです。考えつく理由をできるだけ数多く言ってもらい、ひとつ思いついたら二五セントを払うゲームをやってもいいでしょう。理由をあげることができたら、今度は問題解決となる公平な方法も子ども自身に考えさせてください。あなたが思いつかなかったような創造的な解決策や、あなたの価値観と矛盾しない解決策を提案するかもしれません。子どものアイディアが、最終的に一緒に問題解決を目指して辿り着いた結論ということになったら、子どもはルールを守ろうとし、元夫・元妻の横やりの影響を受けにくくなります。

子どもがひどい態度で振る舞い、「論理的帰結」を背負わせなければならない場合も、まずは一緒に問題解決を目指すことをお勧めします。考えや気持ちを説明する機会を与え、可能な解決策を論理的かつ丁寧に話し合うと、みんなが満足できる方法を見出すことができるでしょう。子どもが結論に納得できると、元夫・元妻に不満を言ったり、ルールに反抗したりしなくなるからです。たとえば、子どもが家の窓を割ったならば、すぐに論理的帰結で応答するのではなく、何が起きたのかを本人に確認してください。もしかすると子どもは学校での出来事に怒っていたのかもしれませんし、あるいは、鬱積したエネルギーを解放する機会を必要としているのかもしれません。背景にある理由を理解できたら（そして、理想的には、それを指摘する方法を思いついたら）、子どもに、可能な解決策を一緒にブレインストーミングしようと提案してみてください。もし、両者ともに受け入れられる解決策を思いついたら、素晴らしいことです。子どもが解決策を思いつかない場合は、たとえば、窓の修理代を捻出するためにお菓子をつくって販売してみるのはどうかしら？ など、あなたがアイディアを出すとよいでしょう。大切なことは、臨機応変であること、寛容な心、子どもが話し合いに参加したことに対する感謝です。このようにして、意見を尊重しつつ、結論に至るプロセス（話し合い）の大切さを教え、社会性を育てるのです。結論が

何かではなく、**どのように**その結論に至ったか、その過程を大切にしてください。二人で一緒に考えて結論に至ったら、問題解決や共同作業に取り組んだ子どもを褒めてください（第4章の「子どもを褒めるときの七つの要素」を思い出してください）。子どもは、自分は問題を解決できる人間だ、というアイデンティティを身につけるようになるでしょう。

目標と抱負を定める

子どもが元夫・元妻を喜ばせることに身を捧げているように見えるときでも、押しつけられた適性、習い事、友人の選択、将来の目標に背を向ける道はまだ残されています。ひとつの方法は、長期的な目標について子どもと話し合うことです。自分で目標を立てることができた子どもは、元夫・元妻のプレッシャーにひるまず、自分の道を行くようになっていきます。折に触れて、来年の自分、五年後の自分、一〇年後の自分はどうなっているか、子どもと話し合ってください。その目標を達成するために何が必要か、自分で立てた目標であることを強調しながら話し合うのです。目標、計画、夢をリストアップさせ、冷蔵庫や子ども部屋に貼り、実現するように応援してください。信じているよ、お前は賢いと知っている、努力できる、目標を達成できる、と言ってあげてください。

結び

元夫・元妻が子どもにあなたを敵視させようとしているならば、子どもはあなたの言いつけに反発し、元夫・元妻の意向が唯一絶対であるかのように振る舞うでしょう。元夫・元妻は、子どもが自分の頭で考えることや心に従うことを応援せず、どんなときも自分に依存させようとしています。あなたの使命は、子どもが自分自身に気づき、自らを大切にし、自分で決めた目標の達成に向けて努力する営みを助けることです。自分は両親を愛し、両親から愛される人間であるというアイデンティティを支える強い基盤を作るために、あなたにできる最良の子育てを試みる必要があるでしょう。一緒に問題解決を目指すことは、この状況において、きわめて重要な子育て戦略です。子どもがルールに関する話し合いに応じ、問題の解決策を一緒に考えるならば、元夫・元妻の干渉や心の占領による影響を受けにくくなります。

おわりに

心の真実を見いだすために、以下の点について熟考することをお勧めします。

・子どもがひどい態度で振る舞い、私に激しい心痛や苦悩をもたらすとき、どうしたら子どももまた被害者であることを忘れないでいられるだろうか？
・子どもと過ごす時間を豊かにするために、どうしたらマインドフルネスをよりよく実践できるだろうか？
・どうしたら怒りや敗北感に陥ることを避けられるだろうか？
・どうしたら友人や家族に状況をよりよく理解してもらえるだろうか？
・現時点で、私は他にどのようなサポートを必要としているだろうか？
・侮辱され、否定されるなか、どうしたら自分の価値観を大切にできるだろうか？
・子どもはどのようなメッセージを言い聞かされているのだろうか？　私はどうしたら子どもに伝えたいメッセージを体現する手本に「なる」ことができるだろうか？

・どうしたら自分自身と子どもに思いやりの心を育むことができるだろうか？
・どうしたら家族に道徳的な理想を教えることができるだろうか？
・子どもと向き合う能力を発揮できない原因は何か。自分のなかにあるどのようなイメージがそれを妨げているだろうか？
・無力感を抱いたり、子どもにとって存在感のない人物になってしまわないために、どうしたら元夫・元妻に対抗して真実を上手に主張することができるだろうか？
・子どもという尊い贈り物について、どうしたらマインドフルな気づきを保てるだろうか？

悪意ある元夫・元妻と子育てに取り組むあなたには、人生という旅路の折々で、本書を開くことをお勧めします。各章を読み返すことで、くじけることなく、自分自身を大切にするヒント、子どものために最高の親になろうとする努力を続けるためのヒントを見つけてもらうのが、著者の願いです。子どもはあなたに伝えることができなくても、あなたのことが大好きで、あなたを必要としていることを、決して忘れないようにしてください。

訳者解説

本書は、Amy J. L. Baker, Paul R. Fine (2014): *Co-parenting with a Toxic Ex: What to Do When Your Ex-Spouse Tries to Turn the Kids Against You.* の全訳です。著者の一人であるエイミー・ベイカー博士は、「片親疎外」に関する研究と面会交流支援・家族再統合の専門家として、国際的に名を馳せています。彼女が執筆した片親疎外に関する学術論文は、数・質ともに群を抜いており、メディアに登場する回数も多い有名人であるため、子どもの片親疎外に苦悩する数多くの別居親が、ベイカー博士による一般向けの本を長いあいだ待ち望んでいました。

そうした期待に応えるべく、ベイカー博士がソーシャルワーカーのポール・ファイン氏と共に一般向けに書き下ろした本書は、父母の高葛藤離婚[1]の後によくみられる子どもの片親疎外と忠誠葛藤への具体的な対処法を指南するガイドブックであり、アメリカで息の長いベストセラーになっています。私が二〇一六年一二月にオレゴン州ポートランドにある世界最大の独立系書店パウエルズ・ブックスに立ち寄ったとき、本書は初版発売から二年半たっているにもかかわらず、家族・子育て本コーナーの一番目立つ陳列棚で、新刊本と並んで棚積みされていました。また、Amazon（アメリカ）でも、いまだに離婚本のベストセラーの一〇位前後を推移しています（二〇一七年三月時点)。子どもが片親疎外の症状を示していなくても、離婚後に子どもと離れて暮らす親にとっては、親子関係が大きな悩みの種になることも多く、本書はまさに待望の「離婚後の子育て本」であったといえるでしょう。

本書がベストセラーになった背景には、アメリカの高い離婚率があります。National Center for Health Statistics (2015) の最新データによると、二〇一四年のアメリカにおける離婚率は人口一〇〇〇人に対して三・二となっています(一部地域除く)。同じ二〇一四年の日本における離婚率は一・七七なので、アメリカの離婚率は約一・八倍になります。最近は日本でも離婚や離婚後の子育てに関するニュースをときどき耳にするようになってきましたが、アメリカでは自分の生活で体感できる日常的な話題なのです。近所には何世帯も離婚家族が住んでいて、ケーブルテレビをつけるといつでも複数のチャンネルで離婚・再婚を扱う番組が放映されており、書店に行けば家族・子育て本コーナーの大きなスペースをいわゆる離婚本・再婚本が占拠しています。州によって離婚率は大幅に違うものの、離婚が身近な国であることは間違いありません。

アメリカでは、一九六〇年代~七〇年代に離婚件数が激増したことから、カリフォルニア州における法改正(一九七九年)を皮切りに、世界に先駆けて離婚後の「共同養育」(共同親権・共同監護・共同親責任)の制度を整備してきました。今では、ほとんどの州で、子どものいる夫婦の離婚手続きとして、①離婚後の子育てについての「親教育」を受講すること、②「養育計画」(面会交流のスケジュール)を取り決めること、を義務づける離婚制度が運用されています。

離婚率は一九八〇年前後がピークで（なんと五・〇を超えていました）、「共同養育」の制度が整ってからは徐々に減少しています。このことに関連して、「苦労して立派な共同養育制度を構築したのに、あまり利用してもらえない」「アメリカにおける離婚後の共同養育制度は素晴らしくよくできている。本当に配偶者と協力して子育てしたいならば、絶対に離婚した方がいい」といったジョークがあるほど、この制度にそってまじめに「共同養育」するのは、結構大変なことです。

離婚したい夫婦は、まず離婚後の子育てについての親教育を受講し、子どもを第一に考える視点、面会交流と養育費の重要性、子どもの発達段階別の特徴、離婚が子どもに与える影響、感情のコントロール法、元配偶者とのコミュニケーション・スキルなどを学びます。また、裁判所が推奨する面会交流スケジュールの標準プランをもとに、父母で話し合って養育計画を作成します。離婚の手続きが進行するのは、親教育の受講証明書と養育計画を裁判所に提出した後になります。

アメリカにおける面会交流スケジュールの標準プランとは、一般的に「隔週の週末二泊三日（あるいは三泊四日）＋夕食週一回。長期休暇中は父母が子育ての時間を折半」を指します。この標準プランに従えば、年間一〇〇日以上の面会交流が確保されることになり、別居親の面会交流が単なる「面会」ではなく、実質的な「子育ての時間（ペアレンティング・タイム）」としての意味を持つと考えられています。アメリカでは、特段の事情がなければ、この標準プランをもとに面会交流スケジュールを取り決めることが多いようです。ほとんどの父母は、取り決めた養育計画に基づいて、離婚後も子どもが父母双方と日常的に交流できるように奔走しながら、離婚後の子育て（共同養育）に取り組んでいます。

ところが、高葛藤離婚の場合、子どもが正当な理由なく、別居親との面会交流を拒絶することもよく見られます。それが「片親疎外」です。離婚する前は良好な親子関係であったにもかかわらず、父母が激しく争った離婚のあと数ヵ月たつと、別居親に対する子どもの態度が拒絶一辺倒になってしまうことがあるのです。この現象は、別居親を嫌悪・拒絶する同居親の言動に影響を受けることが主な原因と考えられています。アメリカの監護評価者養成の教育では、①離婚の影響、②ドメスティック・バイオレンス（DV）、③薬物・アルコール乱用、④不適切な養育についての知識、と並んで、⑤片親疎外についての知識が五大最重要項目のひとつとされており、片親疎外の問題に対処できることも必須となっています。

片親疎外は専門的な知識がないと事後的な対処が難しいため、「一次予防」を目的とした離婚時の親教育が非常に重要な意味を持ちます。たいていは、親教育で子どもを第一に考える視点を学ぶと、元配偶者との衝突にある程度の歯止めをかけることができるようになります。子どものことを思ってお互いに衝突を控え、子どもの親である元配偶者に礼儀正しく接するスキルを身につけると、面会交流を円滑に実施することも実はそれほど難しくありません。

しかし、高葛藤離婚の場合、親教育を受講しても、元配偶者に対するさまざまなわだかまりを消化できず、いつまでも争い続ける父母がいることもまた事実です。それどころか、「悪意ある」親は、子どもにもう一方の親の悪口を吹き込むことがあります。そのような状況下で、子どもが片親疎外の症状を示し始めると、面会交流はきわめて困難になります。

本書は、子どもに片親疎外の兆候が見られたときの「二次予防」として、別居親に実践できる子どもへの適切な関わり方を具体的に提示しています。別居親が子どもの片親疎外に対処することはとても難しく、片親疎外をよく理解したうえで、子どもの気持ちを敏感に察知する想像力を持つことや、子どもへの関わり方について常に気づきを持つことが必要になります。筆者らはそのような子育ての仕方をポジティブ・マインドフル・ペアレンティングと名づけています。元配偶者をどれだけ責めても子どもの片親疎外は改善しません。親子関係における自分の言動を省察する眼差しを養い、片親疎外の症状を示す子どもに対しても、包容力のある穏やかな関わり方を試みることが重要であると、本書は繰り返し説いています。

日本では、夫婦の話し合いだけで離婚できる「協議離婚」の制度があり、協議離婚が実に九割にのぼっています。そのため、離婚時に面会交流と養育費を取り決めないことが多く、離婚時の親教育に至ってはようやく導入の試みが始まったばかりです。しかも、「単独親権」を採用している弊害で、片親疎外の問題が「共同養育」の欧米諸国以上に蔓延していると感じます。

私の心理臨床オフィスには、面会交流が困難になっている親からの相談が数多く寄せられます。そうした相談に対して、子どもと会えなくなった別居親と定期的に面接を行いながら、ときどき同居親や子どもとの面接を挟んで、①治療的面会交流／親子再統合（Therapeutic Supervision/Parent-Child Reunification）、②離婚後の子育てに関する合意形成支援・心理教育（Parenting

Coordination)、③オフィス内での監督付き面会交流（On-Site Supervision）を行ってきました。また、私は国際家事ＡＤＲ（裁判外紛争解決）あっせん人として、国境を越えた子どもの連れ去り問題にも取り組んでいます。その臨床経験から、アメリカと日本の片親疎外はかなり違うという印象を持っています。

アメリカの場合は、「共同養育」なので明らかに違法行為と知りながら、同居親が子どもと別居親の関係を執拗に妨害する、極端に悪質な片親疎外事例（情緒的虐待）が目立ちます。つまり、片親疎外について議論するときに、同居親個人の精神病理的な問題や虐待行為に焦点が当たりやすいといえます。それに対して日本の場合は、離婚時に子どもの親権者をどちらかの親に定めなければならない「単独親権」であるため、父母が子どもの親権をいたずらに激しく争った挙句、子どもが忠誠葛藤に追い込まれてしまった片親疎外事例が圧倒的に多い印象です。

とりわけ、弁護士の法廷戦略として、親権者決定の判断基準である「監護の継続性の原則」[2]を悪用するやり方が流布しており、それが片親疎外の蔓延に拍車をかけていると思います。日本では、親権を勝ち取るために、先に子どもを連れて別居し、新しい生活環境で監護実績を積むというやり方が横行しているのです。その背景には、深刻な暴力（ＤＶ）から逃れるため、必死の思いで子どもを連れて家を出る親もいるなか、もう一人の親権者の同意を得ていない子連れ別居をよしとする世間の空気があることも否めません。日本は欧米諸国と比較してＤＶ被害者の支援が立ち遅れており、被害者が安全確保のために身元を隠し、住所を秘匿しながら逃げ続けることもあります。これが高葛藤離婚で悪用されています。

多くの場合、親権を勝ち取る目的で子連れ別居に踏み出した側は、連れ去り行為の不当性を自分から切り離して相手方に投影します。こうなったのは相手のせいだという発想です。そして、相手方が子どもを連れ去ろうとするに違いないと過剰に怯え、自己増幅的に不安を募らせ、面会交流を正当な理由なく拒絶し続けます（子どもの引き離し）。臨床心理学的に見ると、これは自他の境界や自己省察力に課題を抱えた、未熟な心の動きと言えます。このような子どもの連れ去り・引き離しが、片親疎外の原因になることは言うまでもありません。アメリカでは、もう一人の親権者の同意を得ないまま子どもを連れて家を出る行為は実子誘拐罪（重罪）に問われるため、悪意のある誘拐は例外として、安易な子連れ別居はまず見られません。このことも、片親疎外の「一次予防」になっています。

日本の場合、誘拐罪に問われないため、離婚紛争時の一方的な子連れ別居が全国各地で頻発しています。ここで問題になるのが、子連れ別居を正当化する理由として訴えられるDVです。子どもを連れて別居した側（同居親）が、「DVのために子どもを連れて逃げざるを得なかった」と主張し、加害者にされた側（別居親）が「DVをした覚えはない」と激しく抗弁して、離婚紛争が一気にヒートアップする展開が調停・裁判の定番になっています。私の臨床経験では、紛争性の高い事例は、ほぼ例外なくDVの有無をめぐって争っていました。DVは深刻な問題なので、絶対に見逃すことはできません。大げさな訴えやまったくのでっちあげも多いため、真偽の見分けが重要です。

アメリカでは、離婚紛争でＤＶの訴えがあった場合、監護評価のＤＶスクリーニングにおいて、専門家がＩＰＶ（Intimate Partner Violence：親密なパートナー間の暴力）のアセスメントを入念に行います（アメリカの監護評価では、ＤＶではなく、ＩＰＶという用語を使います）。ＩＰＶの事実が確認されたならば、複数の質問プロトコルやチェックリストを使用して、ＩＰＶはさらに、①ＣＩＳＳ（Conflict-Instigated, Situation-Specific：夫婦喧嘩の中で起きた／特定の状況で起きたＩＰＶ）、②ＳＡ（Separation Associated：離別に関連するＩＰＶ）、③ＣＣＩＡ（Coercive Control, Intrusive, Authoritarian：威圧的支配／侵害的／強権的なＩＰＶ）、④ＳＡＡ（Substance Abuse Associated：薬物・アルコール乱用に関連するＩＰＶ）、⑤ＭＤＡ（Mental Disorder Associated：精神疾患に関連するＩＰＶ）の五カテゴリーに分類されます。ＩＰＶの分類と内容（身体的、精神的、性的、経済的、威圧的支配）、その程度に応じて適切に対処するためです。

大まかにいうと、このうち、③ＣＣＩＡ、④ＳＡＡ、⑤ＭＤＡについては、子どもの安全を守るため、面会交流の一時禁止あるいは制限（面会交流支援センター等の安全施設内での監督付き面会交流の実施）、セラピストの紹介や治療的親教育の受講命令、禁止／制限の解除要件などが、ＩＰＶの内容や程度との兼ね合いで慎重に検討されます。一方、①ＣＩＳＳ、②ＳＡについては、そのとき以外に暴力の履歴がない場合、良好な親子関係が確認されると、速やかに屋外での監督付き面会交流、あるいは通常の面会交流（支援者による受け渡しあるいは連絡調整あり）の実施が検討されます。

このように、「共同養育」のアメリカでは、DVが焦点となる離婚係争中であっても、良好な親子関係が確認され、子どもに直接の危害が及ばないと判断されると、暫定的養育計画を取り決めたうえで、日常的な親子交流の継続が模索されます。

その後の監護評価では、暫定的養育計画の実施状況や、どのような経緯でIPVが起きたのかを踏まえ、①父母の個人的問題が養育に与える影響、②子どものニーズ／発達段階、③子どものニーズ／発達段階とそれを満たす親の養育能力の適合性、④父母の協力関係や周囲の養育支援体制、を勘案して裁判所に最終報告書が提出され、その報告書が審判や恒常的養育計画を作成する際の有力な根拠になります。

残念なことに、日本では、ここまで細やかな評価の手続きが導入されていない現状があり、IPVの分類の検討を含めた総合的なアセスメントなしに、面会交流をすべきかすべきでないかという単純な議論に飛躍しがちです。国際的な評価基準からすると、面会交流させるべきではない危険な事例で面会交流が認められていたり、逆に親子交流の継続を模索すべき事例で正当な理由なく面会交流が禁止ないし制限されていたりと、裁判所の判断が混迷を極めているように思います。早くからこの問題に取り組んできたアメリカをはじめとする欧米諸国の法律や制度を参考に、司法、DV被害支援や面会交流支援の専門家が一致協力して、日本独自の評価基準と評価手続きを一刻も早く導入することが待たれます。

そのとき重要なのは、高葛藤離婚後に養育計画を軌道に乗せるための継続的なフォローアップ体制を同時に築くことです。大都市圏だけでなく地方の町村を含めて、全国規模で面会交流の支援体制を充実させることが喫緊の課題といえます。その際、質の高い面会交流の支援者を養成するトレーニングをどうするかという悩ましい問題もあります。

高葛藤離婚後の面会交流支援には、高度な専門性が必要です。たとえば、関連する法律の知識や、離婚が子どもに与える影響と子どもの発達段階の知識は欠かせません。困難な父母のコミュニケーションを支援する際には、パーソナリティ障害や発達障害の見立てと治療的関与が必要になる場合も少なくありません。そのうえ、専門的な知識を持つだけでなく、父母の離婚による子どもの傷つきや、子どもと日常的に会えない別居親の疎外感/面会交流の実施に伴う同居親の精神的負担感を受け止め、十分に理解し、その気持ちに応答できるような、共感的態度の涵養（かんよう）やカウンセリング・スキルの習得も大切です。

また、DVと悪質な子どもの連れ去り・引き離しを見抜くための経験や、父母のどちらの側にも肩入れしすぎないバランス感覚も必要になります。面会交流の支援者は、大上段に構えて離婚後の子育てを「〜すべき」と論じるようであってほしくないと思います。常に個別の事情に即して離婚後の子育てのあり方を当事者と共に熟慮し、その都度柔軟な工夫を編み出していくケース・バイ・ケースの姿勢が大切です。

ここ数年は、以前にはあまりなかったようなケースも目につくようになりました。父親が用意周到に（引き離しを目的として）子どもを連れ去る別居、母親によるDVや不倫が離婚原因のため、父親が面会交流を拒絶する事例、母親の同棲相手に面会交流を妨害される事例、面会交流中の事件やトラブルなども増えている実感があります。祖父母との面会交流や、内縁関係解消後の面会交流、再婚後、再再婚後の面会交流のあり方も議論しなければいけません。時代の流れとともに、新たな問題が次々と生じており、身につけるべき知識や、対策を講じるべき課題が文字通り山積しています。

二〇一五年の面会交流紛争の新受件数は、調停一万二二六四件、審判一九七七件でした。これは二〇〇〇年（調停二四〇六件、審判三二二件）の約五・二倍になります。この件数の中には、一方的な子連れ別居や片親疎外で面会交流が途絶えている事例も数多く含まれているはずです。この現状に対して、面会交流は是か非かという議論を最近よく見かけるようになりました。高葛藤離婚の場合は面会交流を控えた方がよいのではないかという短絡的な意見が声高に主張されています。

面会交流の支援に携わる立場からすると、むしろ高葛藤離婚後であるからこそ、「子どもの最善の利益」のために、父母がきちんと自分たちで面会交流を実施できるように、離婚後の子育てを手厚く支援しなければいけないと思います。とくに、本書のテーマである片親疎外は、面会交流を減らすと、もっと悪化することが知られています。議論すべきは面会交流の是非ではなく、子どもに悪影響を与えないための離婚のあり方、支援の仕方ではないでしょうか。

日本では、二〇一二年四月から施行された改正民法で、ようやく離婚時に面会交流と養育費を取り決めることが明文化されました。法務省は「子どもの養育に関する合意書作成の手引きとQ&A」（二〇一六）を作成し、市区町村の窓口で離婚届を取りに来た人に配布を開始しています。これから始まる法律と制度の整備に期待したいと思います。近い将来、先進諸国の国際標準である「共同養育」の制度が日本でも実現することを願っています。

私は、面会交流の支援を通じて、父母がお互いの思いや考えを「聴き合う」という地平に立つことが、状況を好転させる端緒になる事例をたくさん見てきました。今では「話し合い」よりも「聴き合い」が解決に向かう糸口だと考えています。まずは、面会交流の支援者自身が、本当に粘り強く、父母それぞれの訴えや語りに耳を傾け続けること、そのとき自らの心に次々とわきあがる思いや考えを把握しようと心がけることを、出発点にしてほしいと思います。そうした支援者のありようが、「聴き合い」や「自己省察」の態度を伝えることにつながるからです。

父母の争いに子どもが巻き込まれて忠誠葛藤に苦しんでいる事例は枚挙に暇がなく、最悪の場合、子どもが片親疎外の症状を示します。結局のところ、父母の身勝手な争いによって、子どもが犠牲になっているということに尽きると思います。子どもは、父母の離婚よりも、父母の衝突（親役割の機能不全）によって深く傷つくことが実証されています。お互いに衝突を控え、子どもの親である事実を認め合うことを心がけてください。それが離婚後の子育ての「作法」だと思います。

子どもに元配偶者の悪口を言うことは絶対に控えてください。それは子どものアイデンティティを否定することになり、自己肯定感を低下させてしまいます。本書にもあるように、片親疎外の症状を示す子どもは、自己肯定感の低下に苦しむことに加えて、自分のほうが別居親に見捨てられたんだと捉えます。別居親は、子どもの自己肯定感を高める関わり方、自分は愛されているという実感を与えるような関わり方をしなければいけません。

本書が子どもと離れて暮らす親にとって必携のテキストとなり、親子の絆を強めるための参考にしてもらえることを心から願っています。子どもの片親疎外の症状を目の当たりにしても、あきらめずに、子どもと関わる努力を続けてください。それは、絡まった糸を解きほぐしていくような、根気と忍耐のいる作業になるでしょう。しかし、子どもは心の奥底で別居親の愛情を求め続けています。その気持ちに応えることができるのは、他ならぬ別居親だけです。本書には、そのヒントが詰まっています。

最後になりますが、本書は春秋社の編集者篠田里香氏のおかげで出版まで漕ぎつけたことを、一言記しておきたいと思います。片親疎外の問題に理解を示してくださった篠田氏の卓越した編集作業が本書に息吹を吹き込みました。本書は篠田氏との共訳といえます。篠田氏の素晴らしい仕事に心から感謝の意を表したいと思います。

二〇一七年春

青木　聡

【註】

1　離婚の条件に納得しない夫婦が裁判で激しく争った末に離婚すること。High-Conflict Divorce の訳。日本の高葛藤離婚では、主に子どもの親権、そして面会交流や養育費が争点になることが多い。

2　今の養育環境が安定していれば、別居理由を問わず、親権者の決定において現状維持が優先される原則。つまり、一方的な子連れ別居であっても、一定期間の安定した監護実績があれば重視される。現在、「監護の継続性の原則」に基づいた親権者の決定が、もっとも多いと言われている。

【参考資料】

National Center for Health Statistics（2015）：National Marriage and Divorce Rate Trends.（https://www.cdc.gov/nchs/nvss/marriage_divorce_tables.htm）

裁判所（二〇〇〇～二〇一五）：司法統計　家事事件編　平成一二年～平成二七年　第三表・第四表

参考文献

Adler, A. 1927. *The Practice and Theory of Individual Psychology*. Eastwood, CT: Martino Fine Books.

Andre, K., and A. J. L. Baker. 2008. *I Don't Want to Choose: How Middle School Kids Can Avoid Choosing One Parent over the Other*. New York: Kindred Spirits.

Baker, A. J. L. 2007. *Adult Children of Parental Alienation Syndrome: Breaking the Ties That Bind*. New York: W. W. Norton.

———. 2010. "Even When You Win You Lose: Targeted Parents' Perceptions of Their Attorneys." *The American Journal of Family Therapy* 38 (4): 292-309.

Baker, A. J. L., and N. Ben-Ami. 2011. "To Turn a Child Against a Parent Is to Turn a Child Against Himself." *Journal of Divorce and Remarriage* 52 (7): 472-89.

Baker, A. J. L., B. Burkhard, and J. Kelly. 2012. "Differentiating Alienated from Not Alienated Children: A Pilot Study." *Journal of Divorce and Remarriage* 53 (3): 178-93.

Baker, A. J. L., and J. Chambers. 2011. "Adult Recall of Childhood Exposure to Parental Conflict: Unpacking the Black Box of Parental Alienation." *Journal of Divorce and Remarriage* 52 (1): 55-76.

Baker, A. J. L., and D. Darnall. 2006. "Behaviors and Strategies Employed in Parental Alienation: A Survey of Parental Experiences." *Journal of Divorce and Remarriage* 45 (1-2): 97-124.

———. 2007. "A Construct Study of the Eight Symptoms of Severe Parental Alienation Syndrome: A Survey of Parental Experiences." *Journal of Divorce and Remarriage* 47 (1-2): 55-75.

Baumrind, D. 1966. "Effect of Authoritative Parental Control on Child Behavior." *Child Development* 37 (4): 887-907.

Bernet, W., W. V. Boch-Galhau, A. J. L. Baker, and S. Morrison. 2010. "Parental Alienation, DSM-V, and ICD-11." *The American Journal of Family Therapy* 38 (2): 76-187.

Blackstone-Ford, J., and S. Jupe. 2004. *Ex-etiquette for Parents: Good Behavior After a Divorce or Separation.* Chicago: Chicago Review Press.

Blau, M. 1993. *Family Apart: Ten Keys to Successful Co-Parenting.* New York: G. P. Putnam's Sons.

Briere, J. 1992. *Child Abuse Trauma: Theory and Treatment of the Lasting Effects.* Newbury Park, CA: Sage Publications.

Ceci, S. J., and M Bruck. 1993. "Suggestibility of the Child Witness: An Historical Review and Synthesis." *Psychological Bulletin* 113 (3): 403-39.

Center for the Improvement of Child Caring. 2001. *Confident Parenting: Contemporary Skills and Techniques for Achieving Harmony in the Home.* Studio City, CA: Author.

Dermond, S. U. 2007. *Calm and Compassionate Children: A Handbook.* Berkeley, CA: Celestial Arts.

Dreikurs, R. 1991. *Children: The Challenge.* New York: Plume.

Duncun, L. G., J. D. Coatsworth, and M. T. Greenberg. 2009. "A Model of Mindful Parenting: Implications for Parent-Child Relationships and Prevention Research." *Clinical Child and Family Psychology Review* 12 (3): 255-70.

Dutton, D. G., and S. L. Painter. 1981. "Traumatic Bonding: The Development of Emotional Attachments in Battered Women and Other Relationships of Intermittent Abuse." *Victimology: An International Journal* 6 (1-4): 139-55.

Epstein, J. L., M. G. Saunders, S. B. Sheldon, B. S. Simon, K. C. Salinas, et al. 1997. *School, Family, and Community Partnerships: Your Handbook for Action*. Thousand Oaks, CA: Corwin Press.

Gardner, R. A. 1998. *The Parental Alienation Syndrome: A Guide for Mental Health and Legal Professionals*. Cresskill, NJ: Creative Therapeutics.

ハリール・ジブラーン著『預言者』

トマス・ゴードン著 近藤千恵訳（1998）『親業――子どもの考える力をのばす親子関係のつくり方』大和書房

Gottman, J. 1998. *Raising an Emotionally Intelligent Child*. New York: Simon and Schuster.

Kabat-Zinn, J. 2003. "Mindfulness-Based Interventions in Context: Past, Present, and Future." *Clinical Psychology: Science and Practice* 10 (2): 144-56

Kabat-Zinn, M., and J. Kabat-Zinn. 1997. *Everyday Blessings: The Inner Work of Mindful Parenting*. New York: Hyperion.

Kempe, R. S., and C. H. Kempe. 1978. *Child Abuse*. Cambridge, MA: Harvard University Press.

Josephson Institute. 2013. "The Six Pillars of Character." http://josephsoninstitute.org/sixpillars.html.

Loftus, E. 1997. "Creating False Memories." *Scientific American* 277 (3): 70-75.

Nelson, J. 2006. *Positive Discipline*. New York: Ballantine Books.

マイケル・ポプキン著 手塚郁恵・野中利子訳（2004）『より良い親子関係講座――アクティブ・ペアレンティングのすすめ』星和書店

マルセル・プルースト著 吉川一義『失われた時を求めて』岩波文庫

【著者】

エイミー・J・L・ベイカー（Amy J. L. Baker）
忠誠葛藤に囚われた子どもの支援の専門家であり、影響力の大きい“*Adult Children of Parental Alienation Syndrome*”（片親疎外症候群のアダルト・チルドレン）の著者として国際的に知られている。親、司法およびメンタルヘルスの専門家に向けたトレーニングを全米各地で実施。親子関係に関する学術論文多数。CNN、「グッドモーニング・アメリカ」「ジョイ・ビハール・ショー」などのTV番組に出演し、『ニューヨーク・タイムズ』『USニューズ』『ワールド・リポート』紙に度々紹介されている。バーナード・カレッジ卒業。成績優秀な首席卒業者だけに特別に与えられる称号スンマ・クム・ラウデを受号。アメリカ最古の学生友愛会ファイ・ベータ・カッパ会の会員。コロンビア大学教員養成大学院博士号取得（人間発達学）。
www.amyjlbaker.com.

ポール・R・ファイン（Paul R. Fine）
北ニュージャージー地域精神保健センターに勤務する公認ソーシャルワーカーであり、セラピストでもある。離婚家族の支援を25年以上続けている。個人や家族が直面する問題に対して、折衷的アプローチ、および人間性心理学的アプローチを実践している。

【訳者】

青木　聡（あおき・あきら）
上智大学大学院文学研究科心理学専攻博士後期課程満期退学。現在、大正大学心理社会学部臨床心理学科教授。あずま通り心理臨床オフィス開設。臨床心理士。片親疎外の問題に詳しい。AFCC（家庭裁判所・調停裁判所協会）公認のCustody Evaluator（監護評価者）およびParenting Coordinator（ペアレンティング・コーディネイター：養育計画作成支援者）のトレーニング、SVN（監督付き面会交流支援者の国際ネットワーク）公認の監督付き面会交流支援者のトレーニング修了。ハーグ条約対応の国際家事ADRあっせん人（東京弁護士会紛争解決センター）。訳書に、『離婚後の共同子育て——子どものしあわせのために』（E・セイアー＆J・ツィンマーマン、コスモス・ライブラリー）、『離婚毒——片親疎外という児童虐待』（R・A・ウォーシャック、誠信書房）、『離婚後の共同養育と面会交流　実践ガイド——子どもの育ちを支えるために』（J・A・ロス＆J・コーコラン、小田切紀子共訳、北大路書房）などがある。
a_aoki@mail.tais.ac.jp

離婚家庭の子育て――あなたが悪意ある元夫・元妻に悩んだら

2017年7月20日　初版第1刷発行

著　者＝エイミー・J・L・ベイカー
　　　　ポール・R・ファイン
訳　者＝青木　聡
発行者＝澤畑吉和
発行所＝株式会社　春秋社
〒101-0021　東京都千代田区外神田2-18-6
電話（03）3255-9611（営業）・（03）3255-9614（編集）
振替　00180-6-24861
http://www.shunjusha.co.jp/
印刷・製本＝萩原印刷　株式会社
装　丁＝鈴木伸弘

ISBN 978-4-393-36544-1　C0011
定価はカバー等に表示してあります